존재의 불행

L'EXISTENCE MALHEUREUSE by Jean Grenier
Copyright ⓒ Les Editions Gallimard, Paris, 1957
Korean Translation Copyright ⓒ Moonye Publishing Co., Ltd, 2020
All rights reserved.

This Korean edition was published by arrangement with
Les Editions Gallimard(Paris)
through Bestun Korea Agency Co., Seoul

이 책의 한국어판 저작권은 베스툰 코리아 에이전시를 통해
저작권자와의 독점 계약으로 도서출판 문예에 있습니다.
저작권법에 의해 한국 내에서 보호를 받는 저작물이므로
무단 전재와 무단 복제를 금합니다.

존재의 불행

장 그르니에 지음 | 권은미 옮김

문예출판사

차례

삶과 죽음, 그 '전략'과 '비상'의 드라마 속으로/**옮긴이의 말** • 7

서문 • 17

제1부 자연적 상관 관계
1 선과 악의 상관 관계 • 29
2 행복과 불행의 상관 관계 • 50
3 선인과 악한의 상관 관계 • 74
4 가장 좋은 것과 가장 나쁜 것의 상관 관계 • 97

제2부 종교적 정당화
1 초월적 정의 • 133
2 내재적 정의 • 156

제3부 인간적 관점들
1 우연적 존재 • 175
2 절대적 자유 • 201
3 역사의 의미 • 224

결론 • 245

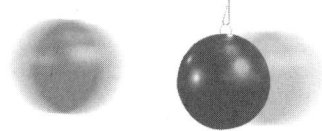

■ 일러두기
이 책에서 지은이 주는 *, **로, 옮긴이 주는 **1**, **2**, **3**, ~으로 표시했다.

옮긴이의 말
삶과 죽음, 그 '전락'과 '비상'의 드라마 속으로

모든 인간은 죽는다. 우리는 이를 하나의 보편적 진리로서 쉽게 받아들인다. 그러나 내가 죽고 내가 사랑하는 사람이 곧 죽게 된다는 사실에는 이를 보편적 진리로 받아들일 수 없게 만드는 절망이 따른다. 이 차이는 어디에서 올까? '인간의 죽음'이라는 보편적이고 추상적인 진리가 '내가 죽는다'는 실존적이고 구체적인 문제가 된다는 점, 그리고 무엇보다도 이를 생생히 '의식'한다는 점에서 그 차이가 생긴다. 도스토예프스키가 말했듯이 '모든 의식은 질병'이 아니던가?

하지만 우리는 너무나 바쁘게 살고 있다. 지상에 발을 딛고 혈기왕성하게 사는 우리에게는 할일이 너무나 많다. 먹고 살아야 하고 성공이란 것도 완수해야 하니까. 사랑도 해야 하고 이루어야 할 원대한 꿈도 있으니까……. 그런데 그 모든 것은 파스칼이 말하듯, 인간으로 하여금 존재의 근원적 공허를 보지 못하도록 막는, 혹은 죽음으로 가로막혀 있는 이 불가해한 삶에 대한 질문을 유보시키도록 만드는 것은 아닐까? 다시 말해 이 모든 것은 인간으로 하여금 철학적 사색의 근본 토양인 권태에 빠져들지 못하게끔 막는 한낱 유희는 아닐까?

카뮈가 지적했듯 잠에서 문득 깨어나는 때와도 같은 각성의 순간이 문제이다. 말똥말똥 눈을 뜨고 우리 존재의 근원적 벽인 이 죽음을 응시하게 되는 바로 그 순간 말이다. 종말에 대한 의식이 인간에게 절망과 고통을 불러일으킨다면, 그렇다면 이 종말, 즉 죽음은 과연 악일까? 바로 이 지점에서 평생을 명상과 글쓰기에 바친 인문학자 그르니에의 이 글은 시작된다.

프랑스의 철학자이자 수필가이며 소설가이기도 한 장 그르니에 Jean Grenier(1898~1971)는 파리에서 태어나 젊은 시절을 브르타뉴 지방에서 보냈다. 긴 모래톱이 펼쳐져 있고 짙은 안개가 끼어 있는 그 지방의 변화무쌍한 풍경은 그에게 사물의 취약성과 실재의 유동성에 대한 몽상을 불어넣어주었다. 대학에서 철학을 전공한 그는 쥘 르키에에 대해 박사학위 논문을 썼으며, 1922년에 철학교수 자격을 얻었다. 제자 카뮈를 만나게 된 곳이기도 한 알제리를 비롯해 나폴리와 알렉산드리아, 카이로 등지에서 철학교사로 일했던 경험을 바탕으로 그는 지중해 세계를 발견하게 되며, 이는 그에게 삶에 대한 열정을 일깨운다. 1968년 그르니에는 문학 부문 국가 대상을 받았으며, 소르본 대학 미학교수로 교수직을 마감한다.

그의 삶의 궤적보다도 우리는 그가 쓴 글들이 보여주는 다양성과 독창성을 통해 모든 것에 열려 있으면서 호기심에 가득 차 있는 한 감수성 예민한 인간을 만나게 된다. 브르타뉴 지방이 보여주는 고통스러울 정도로 가변적인 자연, 이에 대립되는 지중해 세계의 확고함과 확신에 차 있는 분위기를 동시에 체험한 그의 사상은 끊임없는 변증법적 움직임을 통해 하나의 가치에서 그와 대립되는 또 하나의 가치로 옮겨가면서 진실을 추적하고 있다. 흐르는 감각과 인상 들이 결합되어 이루어지는 그의 사상의 유동성으로 인해 그의 논리 전개는 때로 길을 잃고 헤매는 듯 부유浮游하기도 하지만 또한 이는 아이러니컬하고 도발적인 구체적 이미지들로 부각되어 나타난다.

그르니에는 이 책에서 모든 인간이 수긍할 수 있는 타당한 설명이 선험적으로 주어져 있지 않은 삶과 죽음 앞에서, 섬세한 의식을 가진 인간이 느끼는 존재의 불행을 이야기하고 있다.

인간의 삶과 죽음에 대해서는 예로부터 이런저런 해석이

행해져왔다. 우주의 진화 과정 속에서 혹은 인간과 무관한 대자연 속에서 설명을 찾는 담담한 초탈의 시선으로, 또는 인격적 유일신에 대한 신비로운 믿음이나 업에 의한 윤회 사상으로, 아니면 죽음으로 가로막힌 채 대답 없는 이 세계의 부조리 앞에서 절규하는 반항으로, 그도 아니면 죽음조차 진보의 행진 속에서 정당화시키는 역사철학으로, 각각 이를 해석하거나 이에 대응해온 것이다.

이처럼 이 문제에 대한 인간의 근원적 물음과 그 대답은 하나의 세계관과 하나의 형이상학을 전제로 하게끔 한다. 단지 그 어느 편에도 서지 못하는 회의주의자들이 문제일 뿐이다.

"나는 직접 뛰어들어 살기보다 왜 사는지 자문하도록 태어난 인간 유형에 속한다. 어쨌든 한발 비켜나서 살도록 말이다"라고 말하는 그르니에는 모든 체계에 대해 의문을 제기하는 회의주의적 철학자이다. 자신의 종말을 '의식'하는 불행한 존재로서 인간들은 이 종말을 어떻게 해석해볼 수 있을까? 그는 그 모든 가능성들을 찬찬히 살펴본다.

제1부 '자연적 상관 관계'에서 그는 삶과 죽음이라는 문제를 인간의 판단에는 무관심한 대자연 속에서 논한다. 그 결과 선과 악, 행복과 불행, 선인과 악한, 더 좋은 것과 더 나쁜 것, 이 모든 것들은 우리 인간의 판단일 뿐이라는 결론을 내리게 된다. 인간적 감수성이 제외된 순수이성에 의한 이런

초연한 해석은 대부분의 사람들이 쉽게 받아들일 만한 것은 못된다고 본다.

제2부 '종교적 정당화'에서는 삶과 죽음에 대한 종교적 해석, 즉 기독교와 불교의 해석을 제시한다. 하지만 이는 신앙의 문제이므로 거기에 가담해야만 한다는 전제가 있고, 또 실증적인 측면에서 부족한 면이 많다고 본다.

제3부 '인간적 관점'에서는 우선 허공에 던져진 인간의 고통을 이야기하는 실존주의자들의 태도를 소개하고 있다. 또한 절대에 대한 갈망과 좌절, 또 그 좌절에서 나오는 프로메테우스적 반항을 이야기하고 있으며, 마지막으로 인간의 행복과 불행이란 결국 미래를 향한 진보 속에 필수적으로 통합되기 때문에 모든 것이 정당화된다는 역사철학의 관점에 대해 설명하고 있다.

그런데 죽는다는 사실은 우리가 매일 주위에서 보는 것이기에 무척 일상적인 일이기도 하지만 동시에 무척 철학적인 일이며 종교의 근원이 되기도 한다. 따라서 이 글은 때로는 일상적인 비유 속에, 때로는 종교적인 감성 속에, 때로는 철학적인 체계 속에서 설명되고 있다.

이처럼 다양한 어조로 펼쳐지고 있는 이 글을 독자 여러분도 때로는 그저 자연을 관조하는 듯한 담담한 마음으로, 때로는 서정에 잠기거나 종교적 감수성 속에서, 때로는 기존

의 학문 체계를 따라가려는 이해의 노력을 기울이며 읽어나
갈 것을 권하고 싶다.

　이러한 탐색을 마치고 그르니에가 결론으로 제시하는 것
은 이 모든 탐색의 결과로 유도되어 나오는 하나의 선택으로
서의 결론이 아니다. 이는 단지 너무나 바쁘게 살고 있는 우
리에게 잠시 그 행동의 행진을 멈추고 문제를 제기해보라는
명상으로 초대하고 있을 뿐이다.

　하지만 이 책을 곰곰이 읽어가다 보면 우리는 그르니에
의 마음이 어느 쪽으로 기울어지고 있는지 짐작해볼 수 있
다. 그 어느 편에도 가담하지 못하는 회의주의자가 종종 그
렇듯이 그는 그 모든 것들에서 조금씩 독특한 색깔을 취하고
있다.

　'자연적 상관 관계'를 살펴본 그는 인간적 희비에 웃고
절망할 필요가 없다는 거의 비인간적인 태도 속에서도 결국
에는 '모든 것이 이대로 좋구나' 하고 받아들이는 초탈한 관
조자의 지혜를 찾고 있다.

　'종교적 정당화'에서는 비록 우리 모두를 설득하지는 못
하지만 종교적 해석이 지닌 신비의 세계는 완전히 외면할 수
없는 매혹의 세계라고 말하고 있다.

　그러나 뭐니뭐니 해도 가장 그의 마음을 끄는 것은 바로
도스토예프스키와 니체, 키에르케고르, 체스토프, 카뮈 등에

대한 수많은 언급에서 엿볼 수 있듯이 '인간적 관점'의 첫 두 부분, 즉 실존주의자들의 고뇌, 그리고 절대를 향한 갈망과 반항의 이야기들이다. 이는 서양의 스토아주의적 전통과 동양 노자 사상의 후예라고도 볼 수 있는 그르니에의 관조자적 기본 태도 위로 섬광과 같이 나타나 이따금씩 그를 뒤흔드는 것으로, 바로 인간 삶에 나타나는 '역설의 드라마'이다.

이 역설의 드라마는 그르니에로 하여금 "평범한 인간은 유혹의 변증법을 알지 못한다" "아마도 절대에 대한 욕망으로 파인 심연은 무언가 인간을 초월하는 곳으로 향하는 문을 열게 할 것이다" "광기는 지혜보다 우월하다"라고 말하게 한다. 또한 이는 덧셈과 뺄셈에 의한 상식적이고도 산문적인 삶을 휩쓸어버리는 '전락'과 '비상'의 드라마이며, 삶에 대한 비극적 감정을 낳는 것이다.

철학자 그르니에의 글이 철학적 체계에 대한 지식보다 비장한 시적 감동을 우리에게 주는 것은, 그리하여 우리를 그 역설의 드라마로 유혹해 끌어들이고 있는 것은 바로 이 때문이다.

이 책 『존재의 불행』은 갈리마르 출판사에서 나온 장 그르니에 에세이 전집 가운데 『불행한 존재 *L'Existence malheureuse*』(1957, 1985)를 원전으로 했다.

사장되어 한국 독자들에게 잊혀질 뻔한 이 작품을 회생시켜주신 문예출판사 전병석 사장님과 꼼꼼히 교정을 봐주신 편집부 여러분, 그 밖에 도움을 주신 모든 분들께 감사하고 싶다.

2002년 11월
권은미

장 폴랑에게

서문

인간은 자신이 낙관론자라야 할지 비관론자라야 할지 자문할 필요가 없다. 어차피 인간은 죽는다. 그가 사랑하는 자들도 죽고 그 주위에 있는 사물들도 죽는다. 물론 지금 당장은 아니다. 서양 삼나무는 들판의 꽃보다, 코끼리는 곤충보다 오래 산다. 그러나 이 문제에서 시간이란 전혀 문제가 되지 않는다. 한 세기를 살도록 운명지워진 자에게 한 세기는 단 하루처럼 보인다. 그리고 하루살이에게는 가장 오랜 삶에 버금가는 완벽하게 채워진 하루가 있다. 생명체의 경우 모든 것은 종말과의 관계 속에서만 존재한다.

'길고' '짧음'이란 무엇을 의미하는가? 종말이 있거나 아니면 없는 것이다. 종말이 있다면 우리는 그 위에 시선을 고정시키게 된다. 또한 거기까지의 거리는 단지 양극만이 실재할 뿐인 허구적인 직선을 이룬다. 그리고 단번에 우리의 시선은 도착 지점으로 향한다. 비록 자연의 영역에서 중요성이 어떻든지 간에 그 중간 과정은 하나의 '수단' '장애물' 혹은 '유예 기간'으로 변형되며, 그 자체로서는 존재하지 않는다. 내가 만일 하루에 40킬로미터를 주행하는 습관을 갖고 있다면, 내 정신은 그 40킬로미터 되는 지점으로 향하고 있을 것이며, 그 지점에 도착했을 때 그날은 나에게 꽉 찬 듯이 보일 것이다. 그러나 만약 같은 하루 동안 내가 400킬로미터를 주행해야 한다 해도 놀랍게도 그 하루면 충분할 것이다. 왜냐하면 나는 또 하나의 목표, **나에게는** 마찬가지가 될 그 목표를 향해 내 의식의 활을 당겼을 게 분명하기 때문이다.*

나이가 많이 든 르누비에Renouvier[1]가 죽음을 앞두고 친구 루이 프라Louis Prat에게 다음과 같이 말했다.

> 늙어갈수록 인생에 대해 초연해진다는 믿음은 잘못된 걸세. 젊었을 때보다 더하진 않더라도 그때와 마찬가지로 인생에 집착하게 되지. 그리고 우리가 죽음으로써 떠나게 되는 모든 것을 의식하기에 고통은 더욱더 커진다

---

* "지속은 그 자체로서는 전혀 소멸보다 우월한 것이 아니다. 산천은 시들어가는 장미꽃보다 전혀 우월하지 않다. 오히려 산천은 장미꽃보다 열등한 상태이며, 이는 동물에 비해서 그리고 인간에 비해서는 더욱더 그러하다."(헤겔, 『세계사의 철학 Philosophie der Weltgeschichte』).

[1] 프랑스의 철학자(1815~1903). 신칸트주의자로 관념주의적 상대주의를 주장했으며, 자유를 인간의 지적·도덕적 삶의 기반으로 삼았다.

네. 하지만 젊은이는 훨씬 더 쉽게 죽을 수 있어. 왜냐하면 자신이 언젠가는 죽는다는 사실을 믿지 않으니까. 그리고 그는 인간에게 주어질 수 있는 것의 일부분밖에 맛보지 못했거든.

동양인은 서양인보다 훨씬 덜 격렬하게 산다. 게다가 한 걸음 늦추어 살려고 하고, 그리고 어느 선에 이르면 가능한 한 더 이상 살지 않으려고 노력한다. 만약 인생이 그에게 증오할 대상으로 보이게 된다면 이는 그가 인생에 대해 너무 많은 것을 기대했기 때문이다. 이리하여 시적인 전설 속에서는 부처가 된 자가 등장하게 된다. 이 전설(『라리타비스타라 *Lalitavistara*』2)은 사치와 향락만이 넘쳐나는 궁전에 살던 그가, 늙음이 무엇이며 질병과 죽음이 무엇인가를 배우기 위해 어느 날 홀연 지상 낙원인 이 감옥을 빠져나가는 것을 그리고 있다. 그는 수도승이 되기로, 좀더 나은 삶을 위해 그보다 못한 삶을 포기하기로 결심한다. 그는 더 이상 죽지 않기 위해 더 이상 태어나지 않고자 한다.

게다가 이러한 유한성은 단지 그것이 인간에게서 갖게

---

2 산스크리트어로 쓰여진 불교 경전. 운문과 산문이 번갈아 쓰였으며, 불교 경전의 일부인 옛 이야기와 전설 들을 편집한 것이다. 3세기경 중국어로 번역되어 널리 전해졌다.

되는 의식적인 성격에 의해서만 그러하다. 분명 삶이란 모든 존재에게 하나의 종말을 가져다주는 것이다. 그런데 의식은 거기에 무언가 사실 그 자체와는 공통점이 없는 것을 덧붙인다. 끝난다는 것, 그것 자체는 시작하는 것 이상의 아무것도 아니다. 그러나 곧 끝난다는 것을 아는 것, 이는 끔찍한 일이다. 도살장에 끌려온 양들은 이미 그것이 늘 하던 산보와 다르다는 예감을 갖는다. 세상의 어떤 논리도 그러한 예감을 막을 수 없다.

의식이란 우리의 모든 기쁨 속으로 스며들어 산다는 즐거움을 망쳐버리는 교묘한 독약이다. 그러므로 의식이 너무 강한 동시에 앞날에 대해 별 희망이 없는 자들은 종종 예기치 못한 죽음, 갑작스런 죽음을 갈망해왔다. 또한 자살이란, 종말에 이르기까지 삶을 이루고 있는 이 고통들을 날마다 직시할 용기가 없는 자가 보기에는 매우 타당한 것이다. 자살을 할 수 없을 경우라면 육체에 있어서 자살과 맞먹는 마약 사용을 택할 수 있다. 물론 의식을 유지하거나 확장시키고자 하는 반대의 경우도 있을 테지만 이는 자연의 영역이 아니므로 우리가 지금 그 문제에 신경 쓸 필요는 없다. 인간이라면 당연히 죽음을 두려워하며, 이는 생명이 넘쳐흐르고 의식적일수록 더욱 그러하다.

게다가 인간은 왜 자신이 죽어야 하는 운명인지 이해하

지 못한다. 왜 우리는 죽어야만 하는가? 자연은 우리에게 살아 있는 존재로서 끝없는 삶에 대한 욕망을 주지 않았던가? 특히 정신은 우리로 하여금 도형이나 숫자처럼, 발명의 대상이라기보다 오히려 발견의 대상인 듯한 영원한 진리들을 보게 하지 않았던가?『천일야화』에 나오는 '서로 사랑하는 자들을 분리시키는 이야기'에 대해 우리 마음은 반항하지 않았던가? 또 우리 마음은 결코 만족을 모르지 않았던가?

사물의 세계와 사랑의 세계 사이에는 서로 일치하는 점이 없다. 전자는 흩어진 파편들로, 후자는 공존하는 삶으로 이루어진다. 전자는 마치 늘어놓은 스냅 사진들 같으며 후자는 충성스런 하인과도 같다.

알베르 카뮈가 지적한 것처럼 이 두 세계의 대결은 우스꽝스럽고 치유 불가능한, '부조리'라는 결론에 이르게 한다. 우리의 죽음이란 전자의 세계 속으로 후자의 세계가 절멸되는 것을 재촉할 뿐이다. 그것은 한 존재에게, 그 역시 변덕을 자신의 근원으로 지니고 있는 그 한 존재에게 변덕스럽게 부여된 종말이다.

왜 그런가? 이 질문은 우리가 "진정한 현실을 무엇으로 보는가"라는 견해에 따라 여러 가지 의미로 이해될 수 있다. 즉 그것이 무분별한 자연인지, 우리의 의지보다 우월한 어떤 의지인지, 아니면 단지 우리 자신의 의지인지, 역사적 진보인지, 아니면 전혀 다른 어떤 것인지에 따라 달라진다. 결국 우리가 갖게 되는 견해가 바로 우리의 결론을 유도하는 것이다. 그리하여 우리는 우리 눈에 '실재le Réel'를 구성하는 것처럼 보이는 것에 악의 책임을 전가하게 된다.

따라서 가장 근원적인 문제가 가장 중요한 문제는 아니다. 감수성을 뒤흔든다고 해서 지성을 설득할 수 있는 것도 아니다. 악의 존재는 우리로 하여금 간접적으로 형이상학적 질문을 제기하게 한다. 그러나 악의 존재 자체가 그 질문에 대해 어떤 특정한 의미로 답할 수 있게 해주는 것은 아니다. 쇼펜하우어가 말했듯 비록 죽음이 철학의 인도자이며, 철학이 오페라 「동 주앙」처럼 단조 화음으로 시작한다 해도, 이 불행한 시작은 그것만으로는 해결책이 될 수 없다.

또는 가장 고통스런 문제이긴 해도 이 문제에 대한 해결책들은 이러저러한 형이상학을 채택할 것을 전제로 한다.

그러나 우리는 그 문제가 실증적인 사고 앞에서 와해되지는 않는지, 선과 악이 단순한 자연적 상관 관계가 아닌지 살펴보는 것으로 시작하고자 한다(제1부). 다음으로 '대자연'은 완벽한 해결책을 제시하지 않기 때문에, 우리는 이 세계를 초월하거나 거기에 내재하는 초자연적인 존재 쪽에서 이에 대한 해결책을 찾아보고자 한다(제2부). 그러나 거기에도 신앙만이 메울 수 있는 공백이 있음을 확인함으로써 우리는 인간의 측면으로, 더 이상 종속된 존재가 아니라 해방된 존재로 간주되는 인간의 측면으로 방향을 돌려 살펴볼 것이다(제3부).

    제2부에서 살펴보게 되는 해결책들은 종교적 감정에 의해 이끌린 것이며, 제3부는 현대 사회에 널리 퍼져 있는 혁명적 감정에 의한 것이다. 제1부에서 취한 태도는 보통 몇몇 개인에 의해서만, 그리고 성숙기에만 획득될 수 있는 정신 상태를 표현하고 있다. 이전에는 우리가 가장 싫어했을, 그러나 우리가 점점 더 깊이 고려하게 된 바로 그 정신 상태다. 그러나 그것은 이 책 결론에서, 근본적으로 그 의미를 바꾸는 하나의 감정과 결합하게 될 것이다.

제1부
자연적 상관 관계

> 만약 우리가 우리들 자신이 대표하고 있는
> 이 세계의 극히 작은 한 부분에 도취되어 있다면,
> 우리는 이 세계를 전혀 이해하지 못한 채
> 단지 고통 속에서 감당해야만 한다.
> 반대로 '대자연'은 훌륭하게도
> 우리를 우리 자신들로부터 벗어나게 해준다.

선과 악의 상관 관계 1

왜 악이 존재하는가?에 답하기 전에 먼저 **악이란 무엇인가?**를 자문해보는 것이 합당할 것이다. 악을 어떻게 정의할 것인가? 어디서 그리고 무엇과의 관계에서 그 악을 파악할 것인가?

이 세계를 하나의 존재로서 파악한다면, 우리는 사실상 악의 실재에 관한 문제가 제기될 수 있을지 자문해볼 수 있다.

일반적으로 악은 선에 대립되어 있다. 그러나 선 없이 악이 존재할 수 있을까? 생물체의 절반은 그 나머지 절반에서 자양분을 취한다. 이는 피할 수 없는 숙명이다. 다른 생명의 죽음에 의해서가 아니라면 어떻게 생명이라는 것이 유지될 수 있을까? 인류 가운데 일부는 도살장에서 일상적으로 행해지고 있는 범죄의 공범자가 되지 않으리라 마음먹었다. 그래서 채식주의자들은 자신들이 깨끗하게 살고 있다고 생각한다. 그러나 그것은 착각일 뿐이다. 보즈Bose[1]의 연구 결과에 의하면, 식물에도 측정 가능한 감수성이 존재한다는 것이 밝혀졌다. 식물 역시 고통을 느낄 수 있다는 것이다. 그렇다면 완전 화학적인 식량을 생각해볼 수 있으나 이는 아직은 실제로 적용할 수 있는 단계에 있지 않다.

이렇게 한 생명은 다른 생명의 희생에 의해서만 영위되는 것인데, 이는 하등 조직체뿐 아니라 같은 종류에 속하는 조직체의 희생에 의해서도 이루어진다. 홉스와 다윈 이래 종종 이야기된 이 투쟁은 단지 힘에 의해서만이 아니라 간계에 의해 발생하기도 한다. 다시 말해 대자연 속에서 그리고 전쟁 때는 힘에 의해서, 평화적 문명 시기에는 간계에 의해서 발생하는 것이다.

이런 면에서 볼 때 대도시에서 흔히 볼 수 있는 자연적 잔인성이 위장된 모습이란 참으로 놀랍다. 그곳에서 인간은 자신보다 나은 자들에겐 굽실거리고, 동등한 자들에겐 질투를 하고, 열등한 자들에겐 가차없이 잔혹하게 군다. 그러면서 말로는 아름다운 영혼을 이야기한다. 무엇보다 놀라운 것은 자기 스스로 그런 아름다운 영혼을 갖고 있다고 믿는다는 사실이다.

자신에게 선한 것이 타인에게는 악의 원인이 된다는 것

1 인도의 식물학자이며 물리학자(1858~1937)로 식물생물학에 대한 많은 저서를 남겼다.

을, 그가 차지하고 있는 지위가 다른 사람 차지가 될 수 없다는 것을, 따라서 그가 타인을 좌절시키고 있다는 사실을 이해할 수 있으려면 모든 인간은 꽤나 분별력이 있어야 할 것이다. 누군가의 죽음은 언제나 다른 누군가가 취할 수 있는 하나의 빈자리로 간주되었다. "어린아이들의 출생은 곧 부모들의 죽음이다"라고 헤겔은 말했다.

설혹 다른 이들을 죽이지는 못한다 해도 그들이 태어나는 것을 막을 수는 있다. 산아제한론이란 살고자 하는 자들을 희생시켜 살고 있는 자들을 유리하게 해주는 발명품이 아니었던가? 따라서 산아제한론자는 채식주의자, 육식주의자 또는 하나의 사회적 지위를 지닌 인간보다 하등 결백할 게 없다.

또한 건강을 **유지하기** 위해서도 악을 저질러야 한다. 유기체 내부의 균형이란 세포들의 희생에 의해서 이루어진다. 이 희생이 이루어질 수 없을 때, 즉 세포들이 제 마음대로 증식될 때, 암 환자의 경우와 같이 생명을 위협받게 된다. 더 이상 얘기할 필요가 있을까?

다른 한편으로 선은 통제되지 않으면 악을 낳는다. 이것은 바로잡기 위한 반작용인 셈이다. 과거를 회상하는 것은 좋은 일이다. 그러나 그것으로 시간을 다 보내버리는 것은 올바르지 않으며, 이는 행동하는 것 그리고 사고하는 것조차

방해하게 된다. 만약 생물체들이 무한대로 자신의 생명을 연장한다면 그들의 생존은 불가능해지고 말 것이다. 이렇게 선과 악은 자연 속에서 매우 복잡하게 얽혀 있으므로, 이들을 서로 구분하는 것은 종종 엉킨 실타래를 푸는 것처럼 불가능한 일이 되곤 한다.

노동이란 선인가, 악인가? 이상하게도 노동에 대해 가장 큰 찬사를 퍼붓는 자들은 바로 그 노동을 가능한 한 억제하려는 자들이다. 그렇다면 노동이 그토록 위대한 선은 아니란 말인가? 그리고 노동을 마치 처벌인 양 보는 사람들이 있는데 이들은 거기서 스스로를 고양시키는 하나의 수단, 곧 선을 보는 것이다.

아마도 선과 악이란 동일한 현실에 주어진 변화하는 이름들로, 번쩍이는 천에서 볼 수 있는 미묘한 뉘앙스의 차이, 혹은 천의 안과 밖 이상의 의미는 지니지 않을 것이다. 또한 우리는 선과 악이란 '필연'의 두 얼굴이라고 할 수 있을 것이다. 이와 같은 복잡한 얽힘은 실제에서와 마찬가지로 이론적으로도 존재한다. 다시 말해 고통 없이 진보는 이루어질 수 없으며, 따라서 이 고통은 생산적인 것이다.

그러므로 불평한다는 것은 마치 어린아이가 어리광을 부리는 것과도 같다. 도대체 우리가 무엇에 대해 불평할 권리를 갖고 있단 말인가? 태어날 때부터 아무도 우리에게 건

강한 생명을, 순탄한 직장 생활을, 원만한 가정을 보장해주겠다는 약속을 하지 않았다. 모든 생명에는 질병이, 모든 직장 생활에는 실망과 좌절이, 또 모든 가정에는 불만스러운 관계가 따르게 마련이다. 지위가 높은 사람들은 항상 수많은 걱정거리와 청탁 때문에 괴롭다고 불평하곤 한다. 그 지위를 버리는 것이 단지 자신에게 달려 있을 뿐인데도 결코 그렇게 하지는 않는다. 그리고 이들은 주위 사람들의 부러움을 누그러뜨리기 위해 끊임없이 괴로움을 가장한다.

그런데 이들과는 좀 다른 한 백만장자가 있었다. 그는 구두 수선공이 초라한 움막 속에서 일하는 모습을 그린 그림을 보면서 한순간 이 모든 가식을 버리고서 허심 탄회하게 그 그림을 그린 화가에게 말했다(화가는 백만장자에게 "그는 돈 한푼 없지만 아랑곳하지 않고 노래하면서 무두질을 하지요"라고 설명했다).

"우리는 우리의 근심을 더 좋아하지요."*

하지만 이처럼 존경할 만한 솔직함을 갖춘 사람은 드물다. 만족하지 않는 것이 살아 있는 존재의 속성인 것이다.

그러므로 부유하게 사는 사람이 그 부를 경멸하는 것과, 권력을 쥐고 있는 사람이 날마다 그 권력을 떠나고 싶다고

---

* 장 프레보 Jean Prévost, 『성격론 Caractères』.

외쳐대는 것은 올바르지 못하다.

"그는 산꼭대기에 오르자마자 내려가고자 한다."

이것이 바로 내가 황제 콤플렉스라고 부르고자 하는 것이다. 즉 베르사유 궁전과 파-코-세르Parc-aux-Cerfs² 사이의, 성대한 의식과 익명성 사이의 애매하고 모순되는 욕망, 거의 모든 인간들이 자행하고 있는 무의식적인 연극으로, 이것이야말로 인간들로 하여금 허영심에 들뜬 자신의 욕망과 덕성의 요구를 서로 화해하게끔 돕고 있다.

* * *

그럼 여기서 다시 **필연성**에 대해 고찰해보자. 우리가 지금까지 살펴본 악, 즉 **상상의** 악으로부터 우리를 구해낼 것은 바로 이 필연성이다. 악의 치료법은 종종 자유의 실행 속에 있다고 간주되어왔다. 그런데 이는 큰 실수로, 깊은 생각 없이 악이 의지에 의해 근절될 수 있다고 믿는, 즉 절대로 사고 내지 않고 자동차를 몰 수 있다거나 완전한 자유를 누리면서 결혼할 수 있다고 생각하는 자들이 저질러왔다.

어떤 상황에서 그로 인한 불리한 점들은 겪지 않고 오로지 그 이점들만 가질 수 있다고 생각하는 자, 도덕가인 체하

---

2 베르사유 궁전 근처의 한 지역으로, 여기서는 베르사유 궁전의 성대한 의식에 대립되는 익명성을 상징한다.

는 설교자들에 의해 이런 허황된 것을 믿게 된 사람은 불행하게 된다. 왜냐하면 그에게 부과되는 악을 겪어야 한다는 당연한 사실로 인해, 그리고 악을 피하기 위해 자신이 괴로워지기 때문이다. 게다가 그는 선을 근절시키는 단계에까지 이른다. 그러나 선이란 악과 분리시킬 수 없는 것이 아닌가. 결국 우리는 카페인이 없는 커피를 마시거나 니코틴이 없는 담배를 피우고, 또 불확실한 모험이 우리의 기쁨을 더 증가시킨다는 사실을 외면한 채 다음날 무엇을 구경할 것인지 다 알고 난 후에 여행하는 사람들을 보게 된다.

좀더 솔직한 태도를 취해보자. 우리가 하루하루 살기를 받아들인다면, 곡식 옆에 강아지풀이 자라도록 내버려두자. 왜냐하면 하나를 뽑아버리는 것은 나머지 다른 것들마저 뽑아버리는 것이 되기 때문이다. 그리고 어쨌든 선별하는 것은 우리에게 주어진 몫이 아니기 때문이다.

이제부터 세상을 더 이상 우리의 보잘것없는 인격 주변에서가 아니라 그 **총체** 속에서 바라보자. 우리는 바로 이 필연성을 고찰함으로써 그곳에 도달할 수 있을 것이다. 그림을 더 잘 파악하려면 한 걸음 뒤로 물러서야만 한다. 가장 고전적인 구상 미술에 있어서도 세부 묘사는 단지 그 위치에 의해서만 의미를 띠게 된다.

렘브란트의 그림 「야경」 속에서 새장을 들고 있는 아이가 무엇을 의미하는지 오랫동안 논란거리가 되어왔다. 프로망탱Fromentin[3]은 그것을 하나의 재미있고 생생한 세부 묘사로 보았는데, 이는 그가 그림 가운데 모여 있는 무리들과 그 아이와의 관계를 보지 못했기 때문이다. 더군다나 그림이 연기로 검게 그을려 있고 찢겨 있던 당시 상태로는 미처 이런 것을 볼 수도 없었다.

하지만 우리로 하여금 전체성과 필연성을 파악하게 하는 동시에 오류로부터 우리를 구해내는 한 걸음 뒤로 물러서는 행위, 이것이 바로 우리를 악으로부터 구제하게 될 것이다. 만약 우리가 우리들 자신이 대표하고 있는 이 세계의 극히 작은 한 부분에 도취되어 있다면, 우리는 이 세계를 전혀 이해하지 못한 채 단지 고통 속에서 감당해야만 한다.

반대로 '대자연'을 바라보는 것에는 우리 자신들로부터 벗어나게 해준다는 훌륭한 이점이 있다. 이러한 자연의 명상에서 더없이 뛰어난 치유법을 본 쇼펜하우어가 사실 옳았던 것이다. 대자연은 우리들 일상적 삶의 저열한 모습이나 욕망의 소음을 잠재우며, 우뚝 선 그 존재만으로 인간의 유한성을 무색케 한다.

매우 사교적인 사람들도 이 자연의 매력에는 무감각하지

---

3 프랑스의 화가이자 작가(1820~76)로 『과거의 거장』이란 미술 비평집을 냈다.

않다. 데이비드 코퍼필드[4]는 상을 당한 후 여행을 시작하나 평온을 찾지 못한다. 그러던 어느 날 아침 알프스 산 속에서 이탈리아로 이어지는 멋진 계곡을 보게 된다. 이 광경을 보며 자신과 고통과의 만남이 그랬듯 피할 수 없는 아름다움을 발견하게 된다. 그때 그는 자신을 잊고 경탄한다. 그는 『파우스트』의 린코이스처럼 다음과 같이 말하고 싶었을 것이다.

세상은 있는 그대로
내 마음에 드는구나!

더 이상 쾌락이나 오락, 마약 같은 인위적 형태의 망각과 속임수에 도움을 청할 필요가 없다. 왜냐하면 이들로 인한 우울증은 그것이 주는 흥분만큼이나 깊고 심각하며 의식은 평온을 되찾기보다 더욱 동요될 뿐이기 때문이다.

공간의 벽을 허물어버린 다음 시간의 벽마저 허물어버리려 하는 것, 즉 대자연을 그 연속성 속에서 파악하는 것, 이는 또한 더 좋은 것이다. 그리하여 한 존재의 소멸을 슬퍼하는 대신 그 존재가 다른 존재로, 나무가 불꽃으로 변하는 것처럼 재빨리 변형되는 것을 보는 것, 겨울이 여름의 무덤이

---

[4] 찰스 디킨스의 소설 『데이비드 코퍼필드』의 주인공.

아니라 봄의 요람이라는 것을, 늙은이에게 아들이 하나 있다는 사실을 알게 되는 것, 이는 더 좋은 것이다.

나는 꽃들이 시들어간다고 한탄할 수가 없다. 왜냐하면 꽃봉오리가 곧 이어질 테며 이곳에 장미꽃이 없다면 다른 곳에서 계속 피어날 테기 때문이다. 이것이 바로 『바가바드기타*Bhagavadgîtâ*』가 이야기하고 있는 진실이다.

그렇다면 나의 불안은 어디서부터 온 것인가? 이는 바로 새로운 날이 태어나는 것은 생각지 않고 그 밤을 영원한 것이라 믿으며, 그 어둠 속에서 지체한 데서 왔다! 반올림 '도'에 귀를 기울이면서 그것이 반내림 '레'와 그토록 가깝다는 것을, 또 칠음계의 맨 아래 음정인 '시'에 의해 구별된다는 것을 모르고 있었다니!

이처럼 임박한 미래에 대한 생각은 겉보기에는 희망이라 불리는 감정과 비슷하나 실은 전혀 다른 것이다. 선과 악이 포도나무와 올리브나무만큼이나 서로 뒤엉켜 있다고 보는 현자는 그 어떤 것도 기대하지 않는다. 그는 악에서 선이, 반대로 선에서 악이 나올 것임을 알고 있다. 그가 도달하게 될 평정은 소위 말하는 불행과 반대되는 행복과는 닮은 점이 없을 것이다. 이는 전혀 다른 어떤 것으로, 아마도 비인간적인 상태일 것이다.

이런 상태와 유사한 것은 오히려 수학 연구가 제공해주

는 것 속에서나 찾을 수 있을 것이다. 대자연을 바라보는 행동이 불러오는 상태란 단지 그 준비 단계에 불과하다. 도형과 숫자에는 표정이 없다. 그러나 그들은 아주 쉽게 전략이나 신격화를 상징한다. 그들은 '우주' 전체와 결탁한다. 자연에 의한 위안은 단지 임시적이며 여전히 인간적인 것인 데 비해 진정 지고한 평화는 숫자의 셈에서 나온다.

    신앙이 아주 두터운 한 신부가 하루는 내게 "근심거리가 많답니다. 그러나 언제나 커다란 위안이 되는 게 있어요"라고 말했다. 내가 그게 어떤 것인지 이해하는 듯한 표정을 짓는 찰나, 그는 "수학 문제를 풀면서 위안을 받지요"라고 덧붙였다. 사실 이 수학의 정확성에 버금갈 것은 아무것도 없다. 거기에 비하면 모든 것이 흔들거리는 것처럼 보인다.

    파스칼은 두통으로 괴로워하다가 손수레를 발명하고 룰렛 궤적의 체계를 완성했다고 그의 누이가 쓰고 있다. 그 순간 그에게는 선도 악도 없었다. 사실 그는 선과 악이라는 말이 문제가 되지 않는 세계, 그리고 괴로워한다거나 운다거나 기원한다는 것을 비겁하다고 말할 수조차 없는 세계로 들어간 것이다. 왜냐하면 그 세계에는 기뻐해야 할 어떤 것도, 통탄해야 할 어떤 것도 없기 때문이다. '즐거워하지도 괴로워하지도 증오하지도 않을 것'이라고 스피노자는 쓰고 있다. 모두에게는 아니라 해도 몇몇에게는 진실에 대한 사랑이면 그것으로 충분하다. 진실 그 자체만으로도 보상이 되는 것이다.

이런 의미에서, 그리고 오직 이런 의미에서만, 우리는 괴테와 함께 이 세상에 대해 "좋다"라고 말할 수 있으며, 베토벤처럼 "고통이 환희를 낳는다"고 말할 수 있다. 이는 이 세상이 사실상 좋기 때문도 아니고 나쁘지 않기 때문도 아니다. 전체성과 필연성에 대한 통찰이 내가 이 세상에 대해 내리는 주관적인 평가를 무의미하게 만들기 때문에, 나는 그 반대가 불가능한 것을 좋은 것으로 보는 태도를 취하는 것이다.

이는 니체가 말하는 것과는 또다른, 무언가 영웅적이고 초인간적인 어떤 것을 갖는 태도이다. 나는 사실상 그 어떤 것도 '초월하고자' 하는 것이 아니며 받아들이는 것으로 만족한다. 그러나 받아들인다는 것, 언뜻 쉽게 보이는 이것은 가장 어려운 행위 가운데 하나이다. 그 행위는 희망을 제거하는 것인데, 이 희망이 없는 행위를 완수하는 자는 인간으로 하여금 항상 다른 것이 되게끔 하는 이러한 대립을 지속시키기를 포기하는 것이다. 그리하여 그는 마치 터키가 그리스를 점령하던 날, 그리스의 사제가 성 소피아 성당[5] 벽 속으로 들어갔던 것처럼 존재의 덩어리 속으로 들어간다.

[5] 현재 터키 이스탄불에 있는 성당. 6세기에 세워졌으며 비잔틴 예술의 대표작으로 꼽힌다.

자, 이것이 내가 도달한 결론으로, 받아들이는 것 속에 존립하는 부정적 덕성—항의하고 행동하게 하는 것보다 훨씬 더 고귀한 부정적 덕성—의 변론이다. 이후 내가 무엇을 이야기한다 하더라도 나는 무구無垢의, 순수 인식의 관점인 이 첫 번째 관점을 부인하지 않을 것이다.

* * *

그러므로 존재 안에는 악, 다시 말해 우리가 겪는 악, 즉 감성의 악, 칸트가 『실천이성 비판』에서 경험적이라 부른 악, 예를 들어 나쁜 커피나 도덕적 고뇌, 신체적 고통 들과 같은 악이 없다. 왜냐하면 이 경우 악이라고 부르는 것은 어떤 방식으로든 감성에 영향을 미치는 것으로, 만일 인체가 달리 구성되었다면 반대 방식으로 영향을 미칠 수 있기 때문이다.

한 존재는 쾌락과 마찬가지로 고통으로부터도 도망칠 수 없다. 게다가 오늘날 우리는 그보다 더 중요한 무언가를 알고 있다. 그것은 존재가 분화되면 될수록 고통과 기쁨에 훨씬 더 민감해진다는 것이다. 또 동물의 종種이 더 진화되고 더 잘 구성되면 될수록 고통과 기쁨에 훨씬 더 민감해진다는 것이다.

악은 선과 마찬가지로 개인성의 특권이다. 당신은 고통받고 죽어야 한다는 사실을 불평하는가? 그렇다면 의식도 개인성도 없이, 이 인생을 가치 있게 하는 모든 것이 제거된 채 삶의 바다 한가운데 떠 있는 그저 하나의 물방울 같은 단세포 동물이 되는 편을 택하겠는가? 이 경우, 오직 이럴 경우에만 당신은 불멸의 존재가 될 수 있을 것이다. 그러나 거의 돌처럼 되어 불멸이 된다 한들 그 무슨 소용이 있겠는가?

유기체들에 있어 유전을 전하는 싹은 영구한 생명을 갖고 있는 것처럼 보이나, 특징 있는 각 개인의 몸인 체體물질은 결국에는 죽게 되어 있다. 그리고 감정을 잘 드러내는 교감신경 계통은 뇌척수 계통이 갖추지 못한 활력을 갖고 있다.

가장 단순한 무생물체로 다시 내려가보자. 그들은 모두 정도의 차이는 있으나, 외곽의 어떤 말초적 전자층에 속해 있느냐에 따라 그들이 구성하고 있는 외부 몸체 속에서는 찾아볼 수 없는 영속성을 지니고 있다. 그리하여 「밀로의 비너스」는 그것을 이루고 있는 광물질보다 훨씬 부서지기 쉽고, 이 광물질들은 그들을 구성하는 일차적 요소들보다 훨씬 부서지기 쉬운 것이다.

한 고고학자가 내게 말하기를, 조각상을 발견한 그리스 농부들은 왜 고대인들은 하나같이 팔도 머리도 없는 조각상을 만들었는지 의아해했다고 한다. 이는 사람들이 도대체 어디서부터 악이 나오는지 자문할 때 제기하는 것과 비슷한 양상의 질문이다. 마치 꽃이 그 꽃을 피우고 있는 나무보다 더

귀한 동시에 덧없는 것처럼, 가장 귀한 부분이 또한 가장 덧없다는 것을 아무도 생각지 않는다.

게다가 꽃은 암술과 수술이 교배되어 그 열매를 맺는다고 해서 완전히 죽는 것이 아니므로 불평할 필요가 없다. 이는 일반적으로 말하는 사랑의 기능으로 플라톤과 쇼펜하우어가 이를 잘 파악했다. 곧 죽어야 하는 두 생물체가 결합하여 하나의 불멸성을, 그런데 여기서 개체는 종種 앞에서 사라지게 되므로 상대적이고 덧없는 존속인 이 불멸성을 이룩한다는 것이다. 그러므로 자웅 동체는 한 생물체가 갖고 있는 영원한 것이라는 점에서 생물체의 상징이 되고 있다.

그러나 생물체는 전력을 다해 점점 더, 그리고 더더욱 훌륭하게 되려고, 하나의 헤르메스나 아프로디테가 되려고 애쓰는 듯하다. 그러나 유일하고 대체할 수 없는 존재가 된다는 기쁨은 덧없는 운명이라는 대가를 치르게 된다. 이는 마치 전문직 종사자가 더 높이 평가받고, 되기도 유지하기도 더 어렵지만 일반 노동자보다 드물다는 사실과 똑같다.

그리하여 인간들은 '악의 문제'를 상상력의 어휘로 제기해야 하는데도 이를 지성의 어휘로 제기함으로써 그 우둔함을 증명하고 있다. 따라서 인간들은 문제가 아니라 고통에 대해 말해야 하며, 해결책이 아니라 위안에 대해 말해야 한다. 만약 머리 하나를 갖는 행운을 얻을 수 있다면 두통을 앓게 된다는 것쯤은 대수로운 일이 아니며, 왜 머리가 갖가지 기쁨을 낳는 기관이면서 왜 때로는 고통의 원인이 되는지 자문한다는 것도 쓸데없는 짓이다. 그러나 당신은 악의 근원이 어디에 있는지 알아내기를 기다리면서, 우선 거기서 갖가지 치료법을 발견할 수 있을 것이다.

* * *

감성의 악, 즉 우리가 겪게 되는 악에 대해 앞에서 언급된 것은 행동의 악이나 악의惡意라고 불리는 도덕적 악에 대해서도 똑같이 적용될 수 있다. 악을 행하는 인간, 이른바 악한은 이 우주의 필수 불가결한 요소이다. 그러나 악한의 행위는 우리들에 대항하여 이루어지기 때문에 나빠 보인다. 하지만 우리는 거기에 대해 과연 무엇을 알고 있는가? 악한이라 불리는 자가 그렇게 행동하는 것은 자신의 행위가 좋다고 판단했기 때문 아니겠는가?

밀렵꾼은 정정당당한 사냥의 규율을 어긴다. 그것은 또다른 이익을 위해서이다. 무엇 때문에 숲 주인의 이익을 밀렵꾼 가족의 이익보다 우선시해야 하는가? 그는 또한 좀더 우위의 이익, 즉 해방이라는 이상을 위해 행동하는 것일 수도 있다. 이 밀렵꾼을 쫓는 밀렵 감시인은 법에 있어서는 훌륭한 존재지만 밀렵꾼 개인에 있어서는 나쁜 존재이다.

사회란 그 총체 속에서 이와 같이 만들어졌다. 때문에 각 개인은 한 사회 속에서 집행인인 동시에 희생자가 되는 것이다. 엔지니어도 공장에 출근하고 싶지 않은 날이 있을 것이며 이는 노동자들도 마찬가지일 것이다. 그러나 엔지니어는 노동자들 때문에, 또 노동자들은 엔지니어들 때문에 출근을 하게 된다. 어느 누구도 자유롭지 못하다.

전쟁에 지친 병사들이 적군과 연합하고 싶어해도 장군들이 이를 용납할 수 없는 경우가 있다. 반대로 장군들끼리 뜻이 맞아도 병사들이 타협을 거부할 수도 있다. 그리하여 탈영병이나 배신하는 장군들이 나오는데도 전쟁은 계속된다. 이처럼 전사들이 전쟁을 하는 것이 아니라 전쟁이 전사들을 부추기는 것이다.

아마도 민중의 상상력은 배반의 신화를 만들어내는 경향이 있는 것 같다. 무조건 책임자를 찾아내야만 한다. 왜냐하면 악에 대한 개인적이고 자유로운 원인을 찾지 못하고 있는 것보다 더 불안한 것은 없기 때문이다(그러면서도 선의 원인에는 아무도 관심이 없다. 선이란 당연한 것이니까!). 예산보다 적자가 나면 투기꾼들 잘못이며, 학생의 성적이 나쁘면 선생의 잘못이 되는 것처럼. 그러나 이런 지적을 받은 자들에게 진정 죄가 있다 인정한다 해도 그들이 그 행위의 제일 차적 동인이라고 당신은 믿겠는가? 어떤 악순환에 빠져 자기네들이 처한 상황 그 자체에 떠밀려 행동한 것은 아닐까?

존재론적으로 악은 악한 것에 앞선다. 악한 것이란 살인자의 손에 든 무기이지 살인자 그 자신이 아니다. 유다는 그의 행위에 의해 유죄이지 그의 존재 자체에 의해서 유죄인 것은 아니다. 그는 유다로 태어났기 때문에 유다처럼 행동한 것일 뿐이다.

『카라마조프가의 형제들』에서 조시마 장로는 드미트리 표도로비치를 보는 순간 그가 아버지를 살해하게 될 것이라는 것을 짐작하고 순간적으로 격렬한 감정에 이끌려 그 앞에 나가 엎드린다. 다른 인물들은 이 몸짓의 의미를 논한다. 작가 도스토예프스키는 이러한 은밀하고도 숭고한 방식으로 악의 일차적 근원이란 인간의 의지에 있는 것이 아니라는 것을 나타내고 있다. 인간이 겪으며 고통받는 악이 그가 누리는 선과 불가분의 관계에 있는 것처럼 인간이 가하는 악 또한 그가 베푸는 선과 떼려야 뗄 수 없는 것이다.

또한 선은 악이 강한 만큼 더욱 커지며, 미덕은 악덕이 단호할수록 더욱더 빛난다고까지 말할 수 있다. 종교는 인간의 영혼 속에 있는 심연을 발견해냈으며, 이 심연을 탐험함으로써 도덕적 세계는 새로운 국면을 맞이하게 되었다. 예지와 영웅주의를 갖춘 고대의 인간도 성자 곁에서는 퇴색되어 보인다. 그리스인들에게도 과실이 있었는데, 이는 단순한 실수로 해석될 수가 있었다. 그런데 지금 그 과실들은 죄악이 되어버린 것이다.

그리고 악은 그 종류가 더욱 많아졌다. 알키비아데스 Alkibiades[6]는 오스카 와일드 Oscar Wilde[7] 같은 부정한 스캔들의 주인공은 아니었던 반면 교화의 길잡이가 되지도 못했던 것이다. 만일 막달라 마리아가 자신이 죄를 짓고 있음을 알지 못했다면 어떻게 성녀가 될 수 있었을 것인가?

평범한 인간은 유혹의 변증법을 알지 못한다. 그가 선을 향해 나아간다 해도 그것이 곧 악과 단절되었음을 의미하는 것은 아니다. 어떤 의미에선 탁아소를 짓는 자비로운 사장이나 자주 휴가를 보내주는 인심 좋은 장교가 도리어 그들 자신과 타인의 실존적 삶의 수준을 낮추며 속임수를 쓰는 자일 수도 있다. 반면에 준엄한 우두머리나 냉혹한 사관이야말로 모든 희망의 가능성을 열어놓게 하는, 스스로 또 타인들에게 비장한 삶을 영위하게끔 하는 존재일 수도 있다.

간단히 말해, 내가 무의식적으로 결백하다고 여기는 것이 아니라, 결백하다는 것을 의식하거나 아니면 죄가 있다는

---

6 소크라테스의 제자이기도 했던 그리스의 장군이자 정치가(B.C. 450~404)로, 능력은 뛰어났으나 방탕과 사리 사욕에 치우쳐 조국 아테네에 패배를 가져온 원인이 되었다.
7 아일랜드 태생 영국 극작가(1854~1900)로 탐미주의를 주창했으며, 말년에는 동성연애 혐의로 감옥에 수감되기도 했다.

것을 의식하는 한 나는 존재한다. 전락 이후 인간 **존재**란 **가치**들을 중심으로 전개될 수밖에 없으며, 부정적인 가치라 해도 그것이 선과 악에 대한 무지를 내포하는, 가치의 부재보다는 더 낫다("율법이 있기 전에는 나에게 죄가 없었다"라고 바울은 말한다).

도스토예프스키가 『지하 생활자의 수기』에서, 그리고 그 의도는 다르지만 조르주 바타유George Bataille[8]가 『니체론 Sur Nietzsche』에서 주장하는 것처럼* 악을 저지르는 것, 그것은 그의 실존을 영위하는 것이다. 죄가 없다는 것, 그것은 전혀 존재하지 않는다는 것과 같은 의미라고 조르주 바타유는 생각한다. 또한 도스토예프스키는 자유란 그것이 악을 저지를 수 있는 가능성, 그리고 분명한 것을 부정할 수조차 있는 가능성을 가져올 때에만 완벽하다고 지적한다.

그렇다면 아마도 범죄자가 정숙한 인간보다 더 성인에 가까울 수도 있을 것이다. 아마도 절대에 대한 욕망으로 파인 심연은 무언가 인간을 초월하는 곳으로 향하는 문을 열게 할 것이다.

어쨌든 악이란 물리적 영역에서와 같이 도덕적 영역에서

---

[8] 프랑스의 작가이자 사상가(1897~1962). 무신론적 관점에서 인간을 구원할 통일 원리에 대해 사색했으며 서평 중심의 잡지 『비평』을 창간하기도 했다.

* 『살아 있는 신 Dieu vivant』 4호, '죄악에 대한 토론' 참조.

도 선과의 상관 관계 속에 있으며, 또 나쁘게 존재하는 것도 존재하지 않는 것보다는 나은 듯하다.

＊　＊　＊

이리하여 우리는 괴로워하고 괴롭히는 것은 형이상학적 야누스의 두 얼굴이라는 결론에 이르게 된다. 냉정하게 행해지는 지성의 시선으로는 악의 문제를 해결할 수 없다. 우선 문제가 제기되지 않는다. 그리고 설령 문제가 제기된다 하더라도 여름날 아침 안개처럼 저절로 사라져버린다. 바로 이것이 이 세계, 곧 선이라 불리는 것이 악이라 불리는 것과 불가분의 결합을 맺고 있는 이 세계의 진실이다. 그러나 이 세계가 유일한 것일까? 아니면 이 세계는 그대로 두고서도 그 관점을 바꿀 만한 또다른 세계가 있을까?

행복과 불행의 상관 관계 2

　우리는 지금까지 '존재être'를 그의 개인성에서보다 일반성을 통해 고찰해왔다. 이제 피에르라는 한 개인을 예로 들어 살펴보자. 우리는 피에르를 이 세계의 한 요소로 간주할 수 있으며, 이런 관점에서 볼 때 그는 이 세계가 지니고 있는 모든 것에 참여할 것이며, 선이나 악도 그에게 차별 없이 주어지게 된다. 그런데 피에르는 어리석게도 이 세계가 잘되었느니 못되었느니 판단하고자 한다. 이 세계는 이러저러하게 만들어졌고 그것이 전부이다. 그러나 만약 피에르를 이 세계와 분리된 것으로 간주한다면, 또다시 악의 문제가 제기된다.

　사실상 우리는 '실존l'existence'보다는 존재를, 개인보다는 우주 전체를 고찰한 것이다. 그런데 전체적으로 보아 악의 문제는 제기되지 않는다고 말한다면 이는 틀린 말이 아니다. 그러나 악의 문제는 전체를 토대로 제기되어야 한다고 주장하는 것이 과연 옳은 것인가? 물론 하나의 문제는 그것이 지니는 모든, 이미 알려져 있거나 알려져 있지 않은 요소들과 더불어 제기되어야 할 것이다. 그러나 만일 등식이 문제가 되지 않는다면?

사실 악의 일반적인 문제는 가장 오래된 문제들 가운데 하나다. 그러나 고통의 의미는 가장 새로운 문제들 가운데 하나다. "일반적으로 왜 악이 존재하는가?"라고 자문하는 것, 그것은 가장 빈번하게 제기돼온 문제 가운데 하나다. 그러나 "왜 내가 괴로워하는가?" 혹은 "너 괴롭니?"라고 묻는 것, 이것은 현대적인 것이다. 철학자들은 천상의 문제를 땅 위로 끌어내렸다. 과거에 악은 존재 자체와 관계하는 것 같았으나 오늘날에는 실존과 관계하는 것 같다.

이러한 새로운 시각은 질문을 더욱 날카롭게, 답변을 더욱 어렵게 만든다. 체신부 장관은 장관으로서, 즉 그의 존재로 인해 분실된 편지 한 통에 대한 책임을 져야 하지만 별로 대수로운 문제가 아니므로 이에 대해 언급할 필요성도 느끼지 못한다. 반면 그 편지의 발송인과 수취인으로서는 그들 사이의 독특한 관계 때문에 편지의 분실이라는 사실은, 그 편지가 매일 전달되는 수만 개의 우편물 가운데 하나로밖에 보이지 않는 장관의 눈에는 대단치 않은 어떤 중요성을 띠게 된다. 그리고 만일 그 편지가 바로 장관 그 자신에게, 즉 그

나이의, 그러한 취향과 그러한 습관, 성격 등을 지닌 한 개인으로서 실존하는 장관에게 보내진 것이었다면 갑작스레 편지의 의미가 바뀌게 된다. 이렇게 해서 별 중요성이 없던 편지는 커다란 의미를 띠게 되며, 이를 설명하기가 몹시 당황스럽게 되어버린다.

그리하여 악이란, 그것이 존재에 관여하든지 아니면 실존에 관여하든지 하는 이중 양상을 띠고 있다. 존재에 관여할 경우 악은 추상적이고 보편적인 모습을 띠고 나타난다. 실존에 관여할 경우 악은 **나의 것**이라는 확고하게 규정된 모습을 갖는다. 그러나 이 경우 반드시 악이 나의 것일 필요는 없다. **타인의 악**도 존재하며 나의 것만큼이나, 때로는 더욱 심각하게 나에게 영향을 미칠 수 있기 때문이다. 따라서 "사람은 타인의 악을 견디기에는 언제나 충분한 힘을 갖고 있다"라고 한 라 로슈푸코La Rochefoucauld[9]의 말은 수정될 필요가 있다.

물론 그 타인이 광범위하고 무차별적인 범주에 속해 있을 때는 라 로슈푸코의 말이 옳다. 그러나 가까운 이들이 문제가 될 경우 그 관심과 작용은 매우 커질 것이며, 때로는 자기 자신에 대한 것 이상으로 아주 커질 수도 있다. 이 점에서

---

9 프랑스의 모럴리스트 작가(1613~80). 간결하고 명확한 문체로 인간 심리의 미묘한 심층을 날카롭게 파헤친 『잠언집』(1665)을 남겼다.

는 라 로슈푸코가 틀린 것이다. 그리고 이때 타인은 (중성적인) 존재의 영역에서 (구별된) 실존의 영역으로 넘어가게 된다. 이는 또한 "죽음, 그것은 타인들에게 일어나는 것이다"라는 발레리의 말이 옳은 이유이다. **죽음**la mort이라는 것, 그것은 우리가 그것에 대해 이야기를 한다는 점에서 보면 하나의 구경거리이거나 하나의 문제, 한마디로 하나의 대상이다. 그러나 **죽는다는 것**mourir이 문제가 될 경우, 이는 우리들 각자가 살며 겪는 시련이라는 점에서 전혀 다른 것이다.

사실상 당신이 이 '우주'를 진정 **보여져야 할** 것처럼 본다면, 즉 인간들이 신들의 눈이라고 항상 가정해왔던 그 눈으로 본다면 거기서는 선도 악도 보이지 않을 것이다. 그러나 이 우주는 아주 가끔씩만 그렇게 **보여질 수 있을** 것이다. 왜 그럴까? 전체를 통찰한다는 것은 내가 나 자신을 이 전체의 일부분을 이루는 요소로 간주하기를, 또 내가 그 속에 합체되기를 요구하기 때문이다. 오로지 그렇게 될 때에만, 마침내 나는 진리에 도달한 자들이 누리는 마음의 위안을 맛볼 수 있다.

앞에서 내가 통찰이라고 말한 것은 잘못된 것이리라. 계시illumination라고 해야 옳을 것이다. 왜냐? 자신이 그것과 혼동되어 있는 것을 어떻게 본단 말인가. 우리는 대상에서 일정한 거리를 두어야만 보게 되며, 이중성이 있을 때에만 보게 된다. 그렇지 않고서야 어떻게 내게 통찰력이 있다고 말할 권리가 있단 말인가?

나는 내가 의식하고 있다는 단지 그 사실로 인해 계속 **비켜선** 채 살아가고 있다. 힌두교도들이 말하듯이 나는 개체화를 통해 현시된 하나의 실존을 갖고 있다. 그리하여 나는 근원적 존재 자체, 그것에 대해 내가 단언할 수 있는 유일한 것이란 말로 그것을 표현할 수 없다는 것뿐인 이 존재 자체와는 한몸을 이루지 않는다. 따라서 수세기 동안 플로티누스Plotin[10]나 그 밖의 몇몇이 맛보았던 이 계시의 순간들을 제외하면, 인식의 기간들이란 근원적 존재와의 단절을 말한다. 그들은 자신들이 맛본 이 행복을 감추고 있는데, 다시금 황홀의 고지에서 떨어지기 위해 고양된다는 것이 과연 행복한 일일까?

만약 내가 지금 '전체'를 보고 있다고 믿는다면 나는 헛된 환상의 희생자일 따름이다. 왜냐하면 나 자신이 이 전체의 외부에 서게 되기 때문이다. 그것을 본다는 사실만으로 나는 그것과 일치되지 않는다. 그리고 그 사실로 인해 이러한 격리에 대해 갖게 되는 의식은 더욱 처량해질 뿐이다.

인간은 그가 무엇을 하든 간에 **유배자**이다. 그를 위해

---

[10] 그리스의 철학자(205~270). 플라톤과 아리스토텔레스의 철학을 근간으로 신비주의적 신학 체계를 수립했다. 인도에 다녀왔다고도 전해지며, 몸소 몰아적 신神 체험을 경험했다고 한다. 자선사업으로도 유명하다.

잃어버린 땅도 약속된 땅도 없이 유배되어 있다. 격리되어 있다는 사실만으로도 충분하다. 그런데 이 격리란 우리가 악이라고 부를 수 없는 어떤 상태의 근원을 이룬다. 그것은 부재이며 결핍이며 무無이다. 그 속에 어떠한 흠집도 찾아볼 수 없는 존재의 순수성과 그것을 대조하게 될 때, 우리는 이를 악이라 부르고 싶어진다. 그러나 그것은 그 자체로서 악이 아니라 기껏해야 의식에 의해 이루어진 불편, 곧 하나의 내적 분열일 뿐이다. 왜냐하면 단순한 것은 선과 악을 넘어 유일한 것이기 때문이다. 그런데 의식은 부동 상태로 있는 것이 아니라 그 정반대다. 그것은 언제나 움직이고 있으며 모순 속에 있다. 악이라는 고통으로 고통이 아닌 다른 것을 만들어내는 것은 바로 이 올바르지 못한 혼합이다.

짐승의 눈길은 이미 어떤 질문을 나타내고 있다(사실상 실제적인 답변을 요구하면서). 행동하는 인간의 눈길은 더욱 그러하며, 명상하는 인간의 눈길은 더더욱 그러하다. 그렇다면 존재를 부수어버리는 이 이중성이 악이란 말인가? 그렇지 않다. 그것은 그 자체로서 선이 될 수도 있기 때문이다. 이 이중성은 단지 의식이 발전되고 확대되어감에 따라 점차 커져가는 균열을 드러낼 뿐이다. 당신은 당신이 어떤 존재인지를 아는 것보다 그냥 존재하는 것 그 자체를 더 좋아하는가? 그러나 이 둘은 서로 분리될 수 없는 것이다.

나는 존재한다. 그런데 내가 존재한다는 것을 의식할 때, 나는 내가 존재한다고, 또 동시에 존재하지 않는다고 말할 수 있다. 그런데 어떤 다른 존재가 나의 외부에 존재할 경우, 그가 그 자신으로서 존재한다는 것을 내가 어떻게 알 수 있단 말인가? 그리고 그것이 단지 하나의 영상에 불과하다면? 인식은 하나의 공백을 형성하는데, 이 공백은 인식으로 하여금 기지既知를 넘어서게 하는 동시에 그것을 부정하게 한다.

반대로 영화의 예를 들어보자. 화면에서 움직이고 있는, 지금 내가 보고 있는 그 배우는 존재하는 것일까? 그렇다. 영상으로서 존재한다. 이 영상은 그것이 한 주체에게 어떤 감정들을 자아내게 하는 것으로서만 현실성을 가질 뿐이다. 달리 말하면 이 영상은 단순히 대리代理로 존재하는 것이다. 내 곁에서 고양이 한 마리가 이 영상들을 함께 보고 있다고 해도 그 고양이는 아무런 감정도 나타내지 않을 것이며, 이는 이 영상들이 아무런 현실성도 갖고 있지 않는 것과 마찬가지 얘기다.

그럼 여기서 현실성이란 스튜디오에서 연기를 하고 있는 배우의 것이지 더 이상 그 영상의 것이 아니라고 가정해보자. 배우는 여전히 자신의 몸짓으로 작가라는 또다른 사람이 원하는 행동을 표현할 뿐이다. 그러나 이 작가 역시 그 스스로를 주위 사람들이 알고 있는 일상 생활 속의 인간이라고는 생각지 않는다. 또한 우리가 그 작가를 찾아 한 인간과 마주한다 해도 우리는 여전히 이중성을 갖는 한 인물과 마주하는 것이다. 그런데 이 이중성은 그가 스스로를 어떻게 생각지 않는다 해도, 그가 인식하고 괴로워하고 기뻐하고 원하기 때문에 존재하는 것이다.

따라서 당신은 결코 순수한 '존재'에 도달하지 못할 것이다. 그것은 바로 실존이란 것이 '비실존non-existence'에 녹아 있으며, 우표의 점선이 우표 그 자체와 분리될 수 없는 것과 마찬가지로 비실존 역시 실존에게는 불가분의 것이기 때문이다.

그러므로 비극은 오직 주체와 함께 나타난다. 나는 이제까지 주체가 등장하는 것을 막기 위해 전력을 기울였다. 즉 나는 단순히 이 문제를 소위 객관적이라 말하는 지성으로써, 그 속에선 선과 악이 단지 저울의 두 접시일 뿐 아무것도 의미하지 않는 세계와 마주하여 냉정하게 버티고 있는 지성으로써 고찰하고자 했다.

그리하여 죽음이란 삶에 주어진 종말일 뿐이며, 그 죽음은 객관적이고 보편적인 성격을 띤다. 우리는 엔트로피와 원자의 붕괴가 불러올 이 우주의 죽음에 대해 말할 수 있을 것이다. 또한 나는 신문 지상에서 알게 된 모씨의 죽음에 대해서도 말할 수 있을 것이다. 그러나 그것은 나와 무관하다.

그러나 죽는다는 것은 내가 겪게 되는 하나의 시련이며 나는 날마다 상상 속에서 그 시련을 겪기도 한다. 타인들, 그리고 **내 사람들**이라 생각되는 이들의 시련 역시 내가 떨쳐버릴 수 없는 하나의 시련으로, 이는 곧 나의 시련이기도 하다.

거기에 죽는다는 것은 언제든 돌발할 수 있는 사건이라는 것, 그리고 기다림의 대상일 뿐만 아니라 놀라움의 대상도 될 수 있다는 것을 덧붙이자. 한편 죽음의 경우 나는 그것이 영원히 존속하리라는 것을 알지만, 이는 보편적이며 불확정적인 하나의 진리일 뿐이다.

이 본질적 차이에서 감정적 차이가 파생된다. 다시 말해 죽음은 나에게 필수적인 것, 그리고 죽는다는 것은 우연적인 것으로 나타난다. 죽음이란 육체적이든 영적이든, 필요하다면 이 두 차원 모두에서 일어나는 한 형태에서 다른 형태로의 이행, 곧 변신인 것이다. 죽음은 그 죽음의 위험이 자신 앞에 아주 현실적으로 나타날 때 두려움을 유발시킬 수 있다. 그러나 죽는다는 것은 두려움이 아니라 고뇌를, 달리 말해 존재하지 않는 어떤 것에 대한 공포를 유발시킨다. 왜냐하면 그 자체 내에서는 아무 일도 일어나지 않기 때문이다.

그런 의미에서 볼 때 메네세Ménécée에게 다음과 같이 쓰고 있는 에피쿠로스Epikouros[11]는 옳은 것이다.

죽음이란 아무것도 아니라는 생각에 익숙해지도록 하게. 왜냐하면 모든 선과 악은 우리의 감각 속에 있는데 죽음이란 이 감각의 부재를 뜻한다네. 우리가 존재하는 한 죽음은 우리와 함께 있지 않으며, 죽음이 오면 우리는 더 이상 존재하지 않으므로 모든 악 가운데 가장 끔찍한 것인 죽음은 실상 우리에게 아무것도 아니라네. 죽음이란 산 자에게도 죽은 자에게도 관여하지 않는다네. 산 자에게는 죽음이란 존재하지 않으며, 죽은 자는 더 이상 세상에 존재하지 않으니까.

빈틈없는 논리이다. 무無에 속하는 것은 그 어떤 것도 악이 아니다. 그러나 개인적인 실존은 무에 의해, 또 그 실존이 의식이며 행동이라는, 따라서 이중성이라는 사실 자체에 전염되어 있다. 실존은 때때로 더 이상 존재하지 않는 것을 향하며(그때 무는 존재를 뒤따르며 그것이 바로 회한이다), 때로는 아직 존재하지 않는 것을 향해 간다(그때 무는 존재를 앞서가며 그것이 바로 희망이다). 그리고 현재로 말할 것 같으면 나는 내가 걷고 있을 때처럼, 다시 말해 매순간 넘어지

---

11 고대 그리스의 철학자로 에피큐리즘 창시자(B.C. 341~270). 신과 죽음과 행복에 대한 논의가 담겨 있는 「도덕에 관하여 메네세에게 보내는 편지」 등이 남아 있다.

지 않으려고 자제함으로써 존재하고 있다. 그런데 최후의 추락은 절멸이기 때문에 악이 아니다. 그러나 넘어질 수 있다고 내가 의식하는 것, 바로 그것이 산책할 때 일말의 불안감을 낳는 것이다. 명백한 말로 표현되진 않았으나 질투심 어린 의심이나 추방당할 것에 대한 무언의 쓰라림이 할 수 있는 것과 같이, 바로 이 불안감이 내가 나의 것이라고 말하는 이 존재의 평온을 위협하는 것이다.*

* * *

개인의 측면에서 살펴본다면 사실 **나의** 존재란, 한 요인의 전이가 다른 요인의 전이를 유도하게 될 충만하고도 일관성 있는 세계, 요컨대 모든 것이 규격화되어 있고 상호 대체가 가능하게 될 세계 속의 다른 많은 것들 가운데 있는 그저 **하나의** 존재는 아니다. 이 각각의 존재들 자체는 자기 자신과 직면하여 존재한다. 그리고 이는 유일하고 대체 불가능한 것이다. 그것은 왜일까? 그 존재가 현기증을 일으키는 허공을 옆에 나란히 끼고 살아가기 때문이다. 그 존재가 추락하게 되면 그 존재만이 아니라 **모든 것**이 끝장이다. 이런 의미에서 볼 때 세낭쿠르Sénancour[12]의 말은 옳았다.

---

* '부정적인 위대함의 개념'에 대한 칸트의 핵심적 소논문을 모두 알고 있다고 가정한다.

"나는 무엇인가? 이 우주로선 아무것도 아니나 나로선 전부이다."

사람들은 말할 것이다. 한 인간이 자신의 소명을 저버린다 해도 그는 쉽게 대체될 수 있으므로 아무것도 아닌 일이라고. 그리고 이런 일이 군대에서나 행정 업무에서 다반사로 일어나고 있다. 개인이 하나의 '원자atome'라면 그 말은 사실일 것이다. 하지만 그가 하나의 '단자monade'일 때 이 말은 더 이상 사실이 아니다. 그리고 이러한 개인의 소멸은 단순한 부정否定 이상의 의미를 지닌다. 마치 뭔가 쓰여졌던 것을 지워버린 종이가 백지와 같지 않고, 정적이 침묵을 지키는 것과 같지 않듯이.

누군가가 존재한다는 것은 산술적인 것과는 달리 셈해야 한다. 그리고 정신적으로 공감할 정도로 서로 통하는 존재들이 문제가 될 때 이 우주에는 각 부분들을 단순히 더한 것 이상의 무엇이, 주체들의 결합이 있게 된다. 그때가 되면 고통은 기쁨과 마찬가지로 용해에까지 이를 수 있는 하나의 상호성을 찾게 된다. 그건 또 왜 그런가?

"왜냐하면 그것은 그였고 또한 나였기 때문이다!"

---

12 프랑스의 작가(1770~1846)로 19세기 프랑스 낭만주의 사조의 선구자였다.

* * *

이 우주의 전체성이 문제가 될 때에는 아주 **자연스러워** (정확한 표현이다) **보이던** 고통이 개인성이 문제가 될 때에는 언어 도단인 것처럼 보인다. 결국 우리가 염려하는 것은 악이 아니다. 그리고 우리는 마침내 악이란 선과 관련되는 것이며 선택 명제라는 것을 깨닫게 된다. 즉 우리가 염려하는 것은 바로 불행한 존재이다.

그렇다면 우리는 이미 우리가 말했던 것을 부인할 것인가? 이 '불행한 자'를 설명할 수 없다고 선언할 것인가? 아니다. 그것은 설명이 가능하다. 그러나 우리는 그가 구체적(자연)이거나 추상적(수학적 존재들)인 세계를 고찰함으로써가 아니라 이 우주를 거부함으로써 치유될 수 있다고 말할 것이다. 그것도 우주의 좋은 부분만을 받아들이는 부분적인 거부가 아니라 전면적인 거부에 의해서이다. 이 거부는 두 가지 방식, 즉 지적인 방식과 실천적인 방식으로 이루어질 수 있다. 그리하여 이 불행한 자는 우주의 **해체**에 착수할 것이다.

우선 그는 자신이 수많은 환상의 희생자였다는 것을 이미 확신했기 때문에 그가 보고, 듣고, 만지는 것 모두를 의심할 것이다. 자신의 꿈들을 의심할 것이며, 깨어 있을 때 지각

된 것조차 그 꿈들과 구분할 수 없을 것이다. 물론 그는 자신이 생각하는 것과 타인들이 생각하는 것 또한 의심할 것이다. 뿐만 아니라 무언가가 존재한다는 사실마저 의심할 것이다.

사실상 그것은 반론과 토론을 유도하는 의심이 아니라, (여러 가지 명목으로) 존재하는 것처럼 보이는 모든 것, 즉 사물과 사람 들, 내 육체와 정신, 그 밖의 다른 것 등 모든 것의 전멸일 것이다. 그것은 하나의 이론이라기보다 하나의 방식으로, 결혼 문제에서 발생하는 것과도 비슷한 무효화 소송이다. 이혼이 두 사람 사이에 무언가가 있었음을 믿게 해주는 반면에 무효화는 아무 일도 없었다는 것을 사후에 밝히는 것이다.

그러므로 그것은 회의주의자들이 이 세계에 수많은 내적 모순이 있다는 것을 발견함으로써 (힘들이지 않고서도!) 이 세계에 제기하는 것과 유사한 철학적 심판은 아니다. 자신의 이중성을 더 이상 의식하지 못하는 정신분열증 환자처럼 병적인 상태도 아니다. 비난 같은 것도 아니다. 부서지는 의자에 대해 사람들이 분개할 수 있단 말인가? 분개란 이 세계 역시 인간의 감정을 갖고 있어야 한다는 것을 전제로 하는데, 도무지 그럴 까닭이 없다. 이 세계가 주체의 눈에 부조리하게 보인다는 것은 확실하다. 그렇다고 이 주체가 그에 대해 항의할 것인가? 도대체 항의할 창구가 없는데?

그는 오히려 이 세상을 자신의 범죄를 비극적으로 받아들이지 않는 병사나 어린아이 혹은 정신박약아들처럼 대할 것이다. 한 걸음 더 나아가, 자신에게 악을 가하는 것은 무의식적인 의지조차 아니라고 생각할 것이다. 그에게 아직 힘이 남아 있다면 이 행군하는 무리들, 즉 먼지 기둥으로 변한 후 구름으로 농축됐다가 수축되어 마침내 사라져버리는 이 무리들에 대해 조용히 웃기 시작할 것이다. 그리하여 현실성이 별로 없는 이 세계는 바로 하나하나 꽃잎을 떼어내면서 스스로에게 수많은 물음을 던지도록 해주는 마거리트 꽃처럼 될 것이다. 그리고 마침내 그가 원하든 원치 않든 간에 정답이 '전혀 아니다'였음을 깨닫게 될 것이다. 결국 말라버린 줄기만이 손바닥 위에 남아 있을 것이기 때문이다.

무無의 측면에서 보아도(그리고 우리는 반드시 여기에 도달해야 한다. 그것은 우리가 순수 지성이 아니며, 또 존재라는 측면에서 전체성과 필연성을 보는 데 만족해서 냉정함을 유지할 수 없기 때문이다) 세상은 더 이상 겁나게 만들지도 않는다. 악은 소멸되고 선과 함께 버려지게 된다.*

---

* 이는 이미 우리의 태도를 지시하는 것이다. "코티Cotys 왕은 그가 가져온 아름답고 비싼 그릇들을 아주 후한 돈을 주고 샀다. 그런데 그 그릇들은 무척이나 깨어지기 쉬운 것이었다. 그릇이 깨어지면 하인들에게 쉽사리 노하게 될 수도 있었으므로 그러한 요소 자체를 일찌감치 제거하기 위하여 왕은 즉시 그릇들을 깨어버렸다."(몽테뉴, 『에세이Essais』, '자기 의지를 관리함에 대하여')

우리는 언젠가 해체될 것이라 여기는 것에 대해 괴로워할 필요가 없다. 누군가 손을 들어 나를 때리려 한다 해도 그 손이 뼈다귀가 되는 것을 미리 본다면 도대체 화가 날 것인가? 결국 우리는 무엇 때문에 분노하고 기도하고 만족스러워할 것인가? 물론 그렇게 할 수도 있을 것이다. 단 이런 일들이 별로 중요치 않다는 생각을 가지고 말이다. 이러한 것들이 비존재에 속한다는 생각을 하게 될 때 나는 구원받을 것이다.

이미 대부분의 사람들이 그 사실을 예감하고 있다. 그래서 그들에게 어떤 불행이 닥치거나 적에게 공격당하리란 사실을 알게 될 때 그들은 짐짓 태연한 척하며 꾸며서 말한다.

"난 신경 안 써. 그건 나하고는 전적으로 무관한 거야."

그러나 실지로는 그 때문에 몹시 괴로워하고 있다. 하지만 그때 그들은 자신이 가볍게 말해버린 것을 다시금 깊이 생각해보고, 또 그들을 에워싸고 있는 것과 그들 자신을 무효화하기만 하면 된다.

고야 Goya의 「카프리초스 Caprichos」[13] 가운데 어느 작품 속에서는, 죽어서 매장된 한 남자가 자신의 무덤을 덮고 있는 돌을 들어올려 거기에 '나다 Nada'[14]라고 쓰고 있다. 아무것도 없다, 곧 내세가 없다는 것이다. 그런데 바로 지금 우리는 현

---

[13] 고야의 대표적인 연작 판화로 80점이 있다.
[14] 스페인어로 '아무것도 없다'라는 뜻.

세에 대해서도 이와 마찬가지로 '나다'라고 쓸 수 있지 않을까? 그렇게 될 때 우리는 더 이상 적에게 틈을 보이지 않게 되며 또 다음과 같이 말한 귀용 Guyon 부인[15]이 옳다고 인정하게 될 것이다.

"첫 번째 죽음을 맛본 자는 더 이상 두 번째 죽음을 맞지 않는다."

그 대신 우리는 더는 친구에게도 애착을 가질 수 없게 되는데, 이 또한 사실이다. 무無란 가치 평가가 된 존재를 부정하는 것인 까닭에 악과 마찬가지로 선도 부재하는 것이다. 그리고 이러한 결과는 활동성이라는 악의 영역 속에서 아직까지도 재발견되고 있다.

* * *

우리의 존재가 무無라는 배경 위로 그 모습을 드러내게 되고, 우리가 "악이란 선과 마찬가지로 더 이상 존재하지 않는다"고 말함으로써 존재와 분리될 수 없는 고통에서 벗어나게 된다고 하자. 그럴 때 우리는 **평가 절하**로 인해 도덕적 과오를 덕행과 마찬가지로 취급하고, 이 과오를 존재에 대한 용납할 수 없는 자만으로 간주함으로써 그것에 대항해 행동

---

15 프랑스의 기독교 신비주의자(1648~1717).

할 수 있게 된다.

이는 우리가 아무것도 하지 않고 있어야 함을 의미하는 것이 아니다. 이는 행위의 결과에 본질적인 중요성을 부여해서는 안 된다는 것을 의미한다. 무사 무욕한 태도로 행동한다는 것, 그것은 바로 존재의 내부에 비존재를 끌어들이는 것이다. 예를 들면 상 그 자체에는 어떤 가치도 부여하지 않고 단지 자신의 힘을 시험하기 위해 상을 타고자 노력하는 것과 같다. 모든 고위 공직이나 명예직과 마찬가지로 챔피언이 된다는 것 자체는 전혀 가치 없는 것이라 하더라도 운동선수는 챔피언이 되기 위해 최선을 다해야 한다.

아벨라르Abélard[16]가 지적했듯 덕성이란 '좋은 것을 행하는 데' 있지 않고 '잘 해나가는 데' 있다. 몽테를랑Montherlant[17]은 자신의 작품 가운데 하나인 『헛된 봉사Service inutile』(그런데 모든 봉사는 유익하고자 하는 경향이 있으므로 이 작품의 제목은 겉으로 보기에는 모순된다)에서 한 가문의 문장紋章이 여기저기 장식되어 있는 어느 저택의 정면을 묘사한다. 이 반복되는 문장은 봉사하고 또 봉사하며 언제나 봉사한다는 뜻을 표현하고 있다. 그러나 그 문장들 사이에 펼쳐지는

---

[16] 중세의 스콜라 학파 철학자이자 신학자(1079~1142)로 여제자 엘로이즈와의 연애 사건으로도 유명하다.
[17] 프랑스의 소설가이자 극작가(1896~1972).

매우 넓은 빈 공간은 "헛되고 헛되고 또 헛되다!"라고 외치고 있다.

독소가 제거된 상태에서 의지가 행사될 수 있는 것은 바로 이런 정신 속에서이다. 마치 '하지 않는 것'처럼 '하는 것' 가운데서 말이다. 이와 마찬가지로 햄릿도 부왕의 죽음에 복수하기 위해 용감하게 싸운다. 그러나 그토록 단호하게 결정된 그의 행동에 돌연 그림자가 드리워진다. 그는 사랑하는 오필리아를 거부하며, 행동하는 것보다 그냥 감당하는 편이 더 낫지 않을까 하고 자문한다.

분명 아무것도 하지 않는 것, 행동하지 않는 것이 더 나을 것이다. 그러나 그것은 인간에게는 불가능한 일이다. 그리고 이렇게 아무것도 하지 않을 때 그는 언제나 다른 것, 그러나 그가 해야 하는 것이 아닌 다른 어떤 것만 행하게 된다. 절대적인 무無에는 도달할 수 없는 것이다.

파스칼이 잘 보았듯이 인간은 두 극단 사이에 놓여, 실존을 받아들이게 되면 선이 존재하기에 악도 피할 수 없게 된다는 것을, 실존에서 멀어지게 되면 악은 더 이상 존재하지 않으나 선 역시 존재하지 않게 된다는 것을 보게 될 뿐이다.

여기서 우리는 모순에 빠지게 되는 것이 아니라 종합적 해석에 도달하게 된다. 즉 선과 악이란 같은 현실의 두 극단인 까닭에 하나를 제거함으로써만 다른 하나에서 벗어날 수 있다는 것이다.

불은 모든 연료가 다 탔을 때 꺼진다. 마찬가지로 좋은 생각들은 나쁜 생각들로 인해 커지며, 그것들을 깡그리 잿더미로 만들어버린 다음 마침내 그 스스로도 꺼지게 된다.*

모든 신비론자들은 이미 **집착하지 않는 것이 좋다고** 말한 바 있다. 모든 인간은 평화를 희구하나 세상은 언제나 전쟁이 지배하고 있다. 사실상 소수의 몇몇이 온갖 대가를 지불해가며 평화를 고집할 경우, 그들보다 덜 양심적인 다른 이들은 그들을 짓밟기 위해 이를 이용하게 된다. 그리하여 평화를 고집하는 자들의 너그러움이 도리어 악이 영원히 지속되게 내버려두는 결과를 낳고 만다. 이러한 언어 도단의 상황을 도저히 참을 수 없게 된 전자는 전쟁을 시작하고 그러면서 그들 역시 선을 추구하기 위해 악을 주도하게 된다(한 나라를 '평화롭게 하는 것', 이는 우선 그 나라에게 전쟁을 거는 것이다). 이러한 순환에서 벗어나기란 도저히 불가능하다.

---

* 인도의 유명한 영적 지도자 아난다 모이 마 Ananda Moyi Mâ 의 말.

* * *

그리하여 우리를 악으로부터 구해내기 위한 두 가지 길이 제시된다. 하나는 우리로 하여금 실존을 그것이 지닌 보편적이고 필수적인 것 속에서 받아들이게 하는 길이다. 이는 스피노자나 괴테 혹은 (그 자신은 불만스러워했지만) 니체까지, 또 (매우 격정적이었지만) 베토벤과 미켈란젤로, 카이사르와 나폴레옹 같은 수많은 위대한 사람들까지도 따랐던 영웅적인 길이다. 그들은 단순히 사색가가 아니라 르네상스 시대에 존재했던 것과 같이 행동의 인간도 될 수 있기 때문이다.

그들의 태도는 긍정적이다. 즉 인생에 대해 "예"라고 답하고, 바로 그러한 이유로 아무런 이의 제기 없이, 도저히 받아들이지 못할 것 같은 것도 받아들인다. 성격학의 관점에서 볼 때 외향적 사람들인 지중해성 문화 유산의 후예들이 걷게 되는 길이 바로 이 길이다.

다른 하나의 길은 우리로 하여금 실존을, 객체든 주체든 그 실존의 전 영역에서 포기하게 하며, 우리 내부에 있는 악의 욕망뿐 아니라 선의 욕망 역시 말살하도록 이끄는 길이다. 무화無化시키는 이 길은 우리와 멀리 떨어져 있는 다른 문화권에서 권했던 길이다. 그들의 태도는 부정적이다. 인생에 대해 "아니오"라고 하며, 바로 그러한 이유로 도저히 거부하지 못할 것 같은 것도 두려움 없이 거부한다.

그런데 적어도 이 나라 프랑스에서는 대부분의 사람들이 이 두 길을 따르기를 싫어하며 카이사르나 간디 가운데 누구도 모방하기를 원치 않는다. 아니면 그렇게 할 수 없다고 한다. 그 내밀한 이유는, 지금 당장은 아니더라도 언젠가는 선이 악과 분리될 수 있다고 믿기 때문이다.

이 분리는 가치 판단에 의거해 이루어지는데, 이 판단이란 무언가를 선택하고, 등가치를 계산하고, 선호함으로써, 그리고 거기에 보상과 응징을 가함으로써 선과 악의 등급까지도 구별하게 된다는 것을 말한다. 따라서 그들은 그들에게 가해졌거나 그들이 감수해야 하는 고통이란 그 자체가 이미 하나의 현실이며, 고통에 대항해 싸우거나 고통에서 도피해서도 안 되며, 고통을 받아들이고 그 고통에서 하나의 의미, 다시 말해 설명과 목적을 찾아내야 한다고 생각한다. 또한 그들은 시간이 중요하며, (좋은) 미래가 (나쁜) 과거를 말소시킨다는 것을, 간단히 말해 인류의 운명이란 영원한 한순간에 이루어지는 것이 아니라 시간의 연속선 위에서 이루어지는 것이라고 생각한다.

그러나 몇몇 사람은 이 미래를 **역사의 지평선** 위에 위치시킨다. 즉 사회의 변화는 미래가 지닌 제거할 만한 요소 가운데서 악을 말소시킬 것이며, 인간은 자신의 존재와 공존할 수 있는 모든 선을 지닌 채 새로운 탄생을 맛보게 되리라는 것이다. 또다른 사람들은 이 행복한 미래를 **역사 저편**에 위치시킨다. 즉 한 개인이 정신적인 면 그리고 육체적인 면에서 하게 되는 변신은 그의 먼 후계자들에게서 이루어지며 또 이 지상이 아니라 죽은 다음 우리 각자에게서 이루어지는데, 그때 악한들과 '오른편18에 서게 되는 동반자들'을 구분하게 된다는 것이다.

이 두 경우, 우리는 감수성을 깊이 자극하는 인간적인 개념과 만나게 된다. 즉 인간이나 인간보다 무한히 우수한, 그러나 적어도 인간과 유사한 관계를 갖는 존재가 바로 인간의 심판관이라는 것이다.

이러한 개념은 본질적으로 종교적이거나 정치적이다. 따라서 순수 지성에 의해 검토될 필요가 없으며 신의 계시나 역사적 해석을, 때때로 이 두 가지 모두를 전제로 한다. 이 개념은 그것이 제시하는 극적(劇的)인 관점에 의해 악을 더욱 심각하게 만든다. 그리고 영웅주의나 포기의 길보다 더 효율적인 처방을 그 악에게 제공해준다. 악이란 결국 자유를 행사하는 데 그 근원이 있기 때문에 자유를 행사함으로써 치유

---

18 종교적인 의미에서 하나님의 오른편을 말하며, 정의로운 자들의 자리를 뜻한다.

또한 가능하다고 가정하는 것이다.

이는 인간 혼자의 힘으로는 발견할 수 없는 주장으로 인간을 무한히 초월하는 힘들에 호소하고 있다. 이 주장이 우리가 앞서 살펴본 (모두 하나의 동일한 가정에서 파생하는) 두 가지 태도와 공존할 수 없는 것은 아니다. 왜냐하면 이 세상에 산재하는 선에는 선의에 의한 결과가 있으며, 악에는 악의에 의한 결과들이 있다는 사실을 부인할 수 없기 때문이다. 그러나 이 주장은 그것이 야기하는 모든 어려움과 그것이 만족시켜주는 모든 열망에 의해 희망과 신앙의 영역에 속하게 된다.

선인과 악한의 상관 관계 3

악의 문제가 오늘날보다 더 심각했던 적은 없다. 왜냐하면 이 시대보다 더 혼미한 시기는 거의 없었기 때문이다. 오늘날에는 전통적인 신앙이나 사회적 관습 들이 전복되었으며 특히 **악**이 구체화되어 **악한**이라는 형태로 나타났다. 이러한 관점의 변화는 실존철학 때문에 나타났다. 즉 악의 **본질**은 이제 그 **실존**만큼 흥미롭지 못하며, 악의 본질이 추상적인 반면에 그 실재는 반드시 개인적이라는 것이다.

종교에서 악은 언제나 악마에게 첫 번째로 부여되었다. 이 점을 상기하자. 악마가 소도구 창고에 처박히고 만 것은 오로지 종교가 자신이 가진 순전히 계시적인 측면을 희생시키면서 학문적이고 합리적인 부분을 발전시켰을 때였다. 16세기까지 기독교인에게 있어서 악이란 어느 누구, 곧 인물이었다. 이후 그 악은 무엇이라는 사물이 되었다. 그런데 악은 이제 다시 하나의 인물이 되고 있는 중이다.*

과거에 악이 인물이기를 관두었던 것은 변형된 결과였다. 주기도문은 그리스어 원전에서 "우리를 악한들로부터 구하시옵고"라고 했지 "우리를 악에서 구하시옵고"(「마태복음」 6장 13절)라고 하지 않았다.

이 둘이 결국엔 비슷한 의미로 받아들여질 수 있다 해도, 점차 커져가는 '계몽철학'의 영향 아래서 종교가 자신이 지닌 독특한 것들을 희생해가면서까지 무언가 아주 합리적인 것으로 보이려 애썼다는 것은 사실이다. 한 예로 복음서는 연구실에서 태어난 그 어떤 철학적 사색도 대체시킬 수 없는 '기쁜 소식'으로서 논리적으로 등장하게 되었다. 인생이란 한 존재자에 대한 다른 한 존재자의 투쟁이었다.

이 투쟁은 여러 가지 양상을 띠고 있었으며 온갖 부침을 겪는다. 신에 의해 창조된 사탄은 신에 대항하고 반항한다. 이것이 첫 번째로 나타난 분열이다. 그러나 그것은 아직도 기적들과 산 역사의 집적인 『성서』를 합리적으로, 또 도처에서 상징과 비유를 찾는 그리스식으로 손질을 한 그리스인들과 그 후 그노시스파 사람들에게서 볼 수 있는 두 원칙 사이의 투쟁은 아니다. 그것은 창조주가 하나의 원칙이 아니라 하나의 인물이기 때문에 쾌히 응하는 투쟁이다.

* 『사탄. 카르멜 수녀회 연구 Satan, Études carmélitaines』(데클레 출판사, 1948).

두 번째 투쟁은, 사탄이 매개가 되고 이등급의 다른 창조물이 공모함으로써 인간과 신 사이에 일어난다. 세 번째는 매일매일 일어나는 것으로 모든 인간이 자신의 죽음과 함께 끝장을 보는 투쟁이다.

처음의 두 투쟁이 우리 선조들의 관심을 끌었다면(그 예로 라마르틴Lamatine의 『천사의 타락 L'a Chute d'un ange』과 밀턴Milton의 『실낙원 le Paradis perdu』을 들 수 있다) 오늘날 종교적 작가들이 그리는 것은 세 번째 투쟁으로 우리에게 직접적으로 관계되기에 우리와 가장 가까운 것이다.

한편 『사탄의 태양 아래 Sous le soleil de Satan』[19]는 가장 내밀하게 인간과 관계를 맺고 있는 악한 존재를 훌륭히 보여주고 있다. 우리는 그 악한 존재가 한 인간으로 변장하고 있다고 말할 수조차 없다. 왜냐하면 그는 자신의 고유한 실존을 갖고 있지 않기 때문에, 다른 이들 눈앞에 드러날 때뿐만 아니라 자기 자신에게도 때에 따라 이런저런 다른 모습이 되어야 하기 때문이다. 다시 말해 그의 본질은 하나의 군단이라는 점에 있다. 따라서 인간은 자신보다 더 강한 자의 타격 아래 쓰러지게 된다. 그런데 인간은 그 강한 자보다 훨씬 더 강한 다른 이의 도움으로 다시 일어나게 된다.

---

[19] 프랑스의 가톨릭 작가 조르주 베르나노스Georges Bernanos(1888~1948)의 소설.

이는 영혼과 마찬가지로 육체에, 즉 한 개인 전체에 관여하는 것으로, 영혼에 대한 심판에 의해서가 아니라 육체의 부활과 함께 끝이 나는 드라마다. 그리하여 악은 악한들이 추방되고 그들을 교사한 악마가 멸망함으로써 끝나게 된다.

그렇게 악이 끝나기를 기다리는 동안은 악이 우리와 함께 있다고 말하는 것이 정확하다. 키에르케고르와 마찬가지로 페기 Péguy[20]에게 있어 악은 진정 한쪽에서 일방적으로 겪는 비참함과 다른 한쪽에서 일방적으로 저지르는 죄악이 되었다. 키에르케고르는 원죄, 즉 최초의 인간의 죄악이 현재 살고 있는 인간의 죄악과 그 본질에 있어서는 동일하다고 생각한다. 어쨌든 그 최초의 인간은 아무런 특권도 갖고 있지 않았다. 유혹 앞에 선 그의 순진함과 고뇌는 모든 인간이 그의 첫 번째 과오 앞에서 겪는 것과 동일하다.

합리적인 경향의 신학자들과는 반대로 키에르케고르는 주관성의 권리를 옹호한다. 즉 헤겔 철학에서 말하는 정正에서부터 반反으로의 이행과 같은, 순진함에서부터 죄악으로의 불가피한 이행은 없으며 공포와 의심의 어두움 속에서 치명적인 추락만이 있을 뿐이다.

일반적으로 종교의 영역에서는 도덕적 인간보다 죄인을

---

20 프랑스의 시인이자 사상가(1873~1914)로 전투적인 가톨릭 작가.

훨씬 더 성자에 접근시키는 이 비극적 긴장을 결코 축소시켜서는 안 된다. 키에르케고르에게 있어서 **죄악**이란 절대로 도덕적 의미에서의 **과오**와 혼동될 수 없다. 과오는 구축된 질서에 대한 위반이며, 죄악이란 한 인간의 내밀성에 대한 침해인 것이다.

지금 우리는 철학자들의 '금욕적인' 통찰로부터 참으로 멀리 와 있다. 인도인들처럼 악을 거대한 환상의 일부분을 이루는 하나의 환상으로 설명하거나 그리스인들처럼 오류로, 또는 스피노자처럼 선의 대립으로 설명하는 대신, 종교는 그 악을 마치 상처를 만들었다가 그 즉시 상처를 치유할 수도 있는 하나의 손처럼, 자유롭게 회복될 수 있는 자유로운 과오의 결과로 보고 있다.

분명 인간은 아주 낮은 곳까지 추락했다. 그러나 그는 다시 일어설 수 있다. 불행이 악의의 결과이듯 행복은 선의의 결과이므로 언젠가는 나뭇가지들이 사향과 장미 향수로 그를 감미롭게 감싸줄 것이다. 또 과일들이 "자, 우리 이것 하나 먹지 않을래요?"라고 말하면서 스스로 자신들을 인간에게 내놓게 되는 그런 세상을 즐길 수 있을 것이다. 이리하여 잃어버렸던 것과 똑같은 방식으로 에덴의 동산을 되찾을 수 있게 된다. 이것이 바로 자유의 승리이다.

그러나 종교는 이러한 개념을 절반만 받아들이고 있다.

그리고 자세히 살펴보면 볼수록 필연성이라는 부분이 점점 더 커지고 있음을 발견할 수 있다. 우선 원죄가 유전된다는 것은 더 이상 자유의 문제가 아니다. 왜 태어나면서부터 나쁜 인물이라고 낙인찍히는 것도 아닌데 사람에게 악을 행할 소지가 있다고 할까? 신체적 유전은 최근까지 제대로 확립된 듯한 법칙들을 갖고 있는 것으로 보였다. 도덕적 유전은 이 신체적 유전과 분리될 수가 없다. 그러나 악의 잠재성은 자유의 이론에 있어서 실제로 그리고 개인적으로 저질러진 과오와 상관 관계가 있어야 할 것이다.

그런데 이른바 원죄란 자유롭게 저질러졌던 것일까? 그럴 수도 있겠지만 어쨌든 직접적인 방식으로는 아니다.「창세기」에 따르면 아담은 스스로 거역했던 것이 아니다. 그는 이브의 간청에 넘어갔다. 그리고 이브 역시 뱀의 제안에 넘어갔다. 그러므로 이러한 불복종은 절반은 복종으로 볼 수 있고 따라서 전적으로 자유에 의한 것은 아니었다.

이렇게 정상을 참작케 하는 상황 없이 과오가 저질러졌다고 가정한다 해도 과연 그 과오가 완전히 자유로운 것이었을까? 창조주가 무한한 능력과 지식을 지니지 않은 존재였다면 그렇다고 할 수 있다. 그러나 그의 능력은 무한했고 따라서 인간의 전락도 막을 수 있었다. 그의 통찰력 또한 무한했으므로 그것을 예견할 수도 있었다.

이처럼 곤란한 지적에 신학자들은 다양한 답을 하고 있으나 스스로 보기에도 그 답변이 너무 교묘해서 불충분하다는 사실을 숨길 수 없었다. 따라서 그들은 언제나 이 문제의 온전한 해결은 인간에게 불가능한 것으로 남는다고, 이 문제는 일련의 신비를 지니고 있다고 분별력 있는 결론을 내린다. 무척 대담한 신학자라면 신이 스스로 자신의 능력과 지식을 제한할 수도 있다고 주장할 것이다. 그러나 이때 그들은 신이 그 스스로의 완전성 속에 갇히고 만다는 사실을 깨닫게 된다.

우리는 방금 창조와 전략의 메커니즘이 지닌 본질 속에는 '필연'에 주어진 한 필연적인 위치가 있음을 강조했다. 그러나 이 메커니즘의 우연적 사건들에 대해서는 뭐라고 말할 수 있을까! 일련의 사상가들 가운데 마지막으로 등장한 알베르 카뮈는 전염병, 전쟁, 그리고 특히 이 세상에서 정당화하기가 가장 어려운, 순수성의 상징이라 할 어린이들의 고통과 죽음을 자연스럽고 좋은 것으로 간주하게 만드는 불의에 대한 찬양에 정당하게 항거한다.

사실 악을 자유 행위의 결과로 인정할 때, 우리는 악의 영역 가운데 일부분은 설명할 수 있으나 다른 한 부분은 밝히지 못하게 된다. 특히 사물들의 원칙이 무한히 좋은 것일 때, 그 무한성에 비례해 원칙이 지게 되는 책임을 합리적인 방법으로 면제한다는 것은 불가능하다.

　그런데 만약 무한한 선의보다 우위에 있는 격정적인 선의 속에서, 그리고 자신의 온전한 헌신에 의해 신이 인간으로 현신하거나, 천사를 통해 한 예언자에게 말하거나, 아니면 누군가(한 선민)를 보내 아마도 인류 전체를 그의 특권으로 재건하게 할 경우 문제는 완전히 달라진다. 하지만 그 경우 계시라는 것을 믿어야 한다.

　인간은 그가 믿는 신을 (변신론辯神論에 의해) 정당화시키려 한다. 신도 인간을 정당화시키려 하므로 곧 그 스스로의 정당화에 힘쓰게 되는 것이다. 사실 그것은 인간의 임무라기보다는 그 자신의 임무이다. 신은 욥에게 "신이 하마와 악어를 창조했다"고 말하는데, 어떻게 욥이 스스로 이해할 수 없을 정도로 그토록 전능한 자의 업적에 대해 논할 수 있단 말인가? 그러나 욥과 대화를 시작하면서 신은 이미 자신이 욥을 필요로 한다는 사실을 증명한 셈이다. 그리고 뜻밖에도 그의 자비를 그의 능력보다 우선하며, 그의 힘을 드러내기보다 그의 약함을 보이며, 그가 가한 상처를 그가 하나의 상처를 받아들이게 함으로써 보상한다.

　그리하여 이러한 분석의 결론으로 우리는 악이 자유의 결과라는 관점에서조차 인간은 악을 야기하는 만큼이나 그 악에게 당하는 것 같다고 말할 수 있다. 그리고 이를 어느 정도 신학적 관점에서 보기 때문이라고만 말할 수는 없다. 사회적 측면에서도 마찬가지이기 때문이다.

이는 바로 우리가 계속해서 몇몇 악한, 몇몇 악의, 그리고 정도가 다른 여러 과오들, 즉 악의의 본질을 살펴봄으로써 알 수 있다.

악의에 대해 레이몽 폴랭Raymond Polin*은 「도덕적 규범의 영역」이라는 장에서 그 범주표를 작성했다. 사람을 불성실한 자, 배덕자, 파렴치한 자, 부정한 자, 교활한 자, 배신자, 위선자, 음흉한 자, 빈정대는 자, 수상한 자, 더러운 놈 추잡한 놈, 저속한 자, 평범한 자, 보잘것없는 자, 비루한 자 등으로 분류한 것이다.

이에 따르면 반드시 어떤 것이라기보다 그저 어떤 특정한 규범을 어기는 자를 **배덕자**라 한다. **파렴치한 자**는 소유권이나 예의, 미풍양속에 관한 특수한 규범을 어기는 자다. **부정한 자**는 단지 전통적인 질서뿐 아니라 자신의 약속마저도 깨어버리는 자다. **배신자**는 명시적이거나 암시적인 맹세를 저버리는 자이며, **교활한 자**는 여기서 한 걸음 더 나아간다. 도덕적인 외양 속에 엉큼한 의도를 숨기고 있기 때문이다. **이기적인** 면이 강할 때 그는 **위선자**이며, 악한 면이 강할

---

* 『추함과 악, 거짓에 관하여Du laid, du mal, du faux』(프랑스 대학 출판부, 1948).

때 그는 **음흉한 자**이다.

이 모든 형용사들은 가치가 부여된 질서를 따르지 않는 인간을 비난하고 있다. 그런데 질서 그 자체를 경시하는 것들이 있다. **난폭한 자**는 폭력으로 자신의 규율을 강요한다. **악한 자**는 자신의 규율을 강요하기 위해 타인의 가치는 염두에 두지 않는다. **잔인한 자**는 타인의 고통을 추구한다. 그의 악의가 공포를 불러일으킬 때 이는 **혐오스러운 것**이 되며, 그의 악의가 증오를 불러일으킬 때 이는 **가증스러운 것**이 된다. 왜냐하면 이러한 비난에 있어서 질서가 적용되는 방식은 질서 그 자체만큼이나 중요하기 때문이다. **사악한 자**는 악을 저지르고 있다는 사실을 깊이 의식하는 자일 것이다.

이렇게 몇몇 악한의 유형을 살펴보았는데, 이제 이기주의, 질투, 원한과 멸시 등 악의의 종류에 대해 살펴보자.*

이기주의가 악의의 한 형태라고 말할 수 있을까? 그렇지 않다. 이기주의는 비켜선 한쪽에, 다시 말해 도덕적 가치 차원보다 하위 차원에 머문다고 할 수 있다. 그것은 타인과의 관계 부재를 뜻하기 때문이다. 그러나 악의는 타인을 필요로 하며 필요에 따라 타인을 선동하기도 한다. **질투**는 타인 자체가 아니라 그가 갖고 있는 것, 즉 타인의 존재가 아니라 그

---

* 장켈레비치Jankélevitch, 『악 *Le Mal*』(아르토 출판사, 1948). 『덕목에 관한 논고 *Traité des vertus*』(보르다스 출판사, 1949) 참조.

의 소유에 집착하는 것이다. 질투는 공정하게 분배하기보다는 제 것으로 만들기 위해 타인이 가진 것을 빼앗음으로써 왜곡된 방식으로 정의를 실현하고자 한다. **원한**은 시간의 흐름 속에 펼쳐지는 악의로, 용서되거나 변명으로 무마되거나 또는 잊혀질 수도 있었을, 그리고 때로는 상쇄될 수도 있었을 모욕과 관련이 있다. 그러나 원한을 품은 자에게 중요한 것은 자존심을 무너뜨린 상처이지 모욕 그 자체는 아니다. **경멸**은 우월한 자가 열등한 자에게 갖는 증오심으로 질투와는 정반대 의미이다. 이는 타인의 행위에서가 아니라 타인의 본질에 원인이 있는 감정이다. 증오는 언제나 간섭에 의해 표현되는 반면, 경멸은 회피에 의해 나타난다.

소위 말하는 악의는 정도에 따라 여러 가지로 나뉜다. 과오가 **부주의**로 저질러졌을 때 그 악의는 대수롭지 않은 것일 수 있다. 상상력 부족은 그 자체만으로도, 즉 한 행인이 구걸하는 거지나 길에서 만난 여행자에게 보일 수 있는 냉혹함에 대해서도 책임이 있다. 자동차를 운전하는 사람이 또다른 자동차 운전사를 도우려 한다면 이는 그가 후자의 처지를 아주 잘 상상할 수 있기 때문이다. 그러나 길 가는 사람이나 자전거를 타는 사람 혹은 마부는 자동차 운전사를 도와야 한다는 생각을 하지 못한다. 이는 그가 그들과 같은 부류의 사람이 아니기 때문이다.

이끌림에 의한 과오는 더욱 심각하다. 이 경우 인간은 자신이 잘못하고 있다는 것을 아주 잘 알고 있다. 하지만 자신이 저지르는 악을 완벽하게 원하는 것은 또 아니어서 갈림길에 서서 망설이다가 뻔히 치명적이라 예견되는 언덕 아래로 스스로 미끄러져 가게 내버려둔다. 또한 이유를 완전히 알고서도 **냉소**에 의해, 또 완전한 자유 의사에 의해 행해지는 과오도 아주 심각하다. 그러나 이러한 과오가 과연 존재하는 걸까?

　　이 물음은 도리어 악의가 그 심연에 있어서 무엇으로 이루어질 수 있는지 자문하도록 유도한다. 그것은 '타인'에게 문을 닫고 있는 비겁한 자나 허영에 찬 자, 거짓말쟁이와 구두쇠의 경우처럼 사랑이 부족하거나 자기 자신에게서 벗어날 수 없는 상태는 아닐까?

　　이것이 바로 과오에 관한 장켈레비치의 견해이다.

　　그런데 사실상 냉담과 내향성은 그 자체만으로도 악의의 근원이 되므로, 행위가 의도에 비해 그다지 중요하지 않을 정도이다. 선을 행한다는 것이 항상 잘한다는 뜻은 아니다. 더는 좋은 성적을 얻지 못할 것처럼 보이는 수험생에게 높은 점수를 주는 시험관도 있을 것이다. 그 관대함의 근본에는 멸시가 깔려 있다. 이런 사람이 바로 선을 행한다는 구실로 잘못을 저지르는 자이다. 반대로 낮은 점수를 주더라도 도덕적으로는 더 훌륭한 시험관도 있을 수 있다. 그는 수험생이 더 큰 향상을 이룰 수 있다는 가능성을 믿고 있으며 시험의 가치에 더 높은 비중을 두고 있기 때문이다.

기독교 신에 대해 제기할 수 있는 가장 심각한 이의 가운데 하나는 지옥의 존재다. 인간이 영원한 지옥의 형벌을 자초할 수 있다고 가정한다면 도리어 인간을 대단히 높게 평가하는 것이다. 그것은 인간이 악을 창조할 수 있다고 믿는 것과도 같다.

그러므로 악의는 악을 행하는 데 있는 것이 아니라 잘못 행하는 데 있다. 그러나 그것은 여전히 악의의 본질은 아니다. 왜냐하면 악의는 혼자 있는 것이 아니라 관계, 즉 '무無를 제시하는 하나의 부정否定이라는 관계'*이기 때문이다. 악한은 타인을 **필요로 한다**. 그는 보편적인 악을 원하는 것이 아니라 한 존재의 고통을 원한다. 따라서 그는 이 존재에 접근한다. 악한은 착한 사람들만큼이나 사교적이며, 따라서 이 둘 가운데 누구도 혼자 있는 상태에 만족할 수 없다. 그리고 이 접근은 내밀한 데까지 이를 수도 있다.

사르트르는 살인자와 그 희생자 사이에 형성될 수 있는 성적인 것에 가까운 관계를 명철하게 지적했다. 고문의 과정

* 『악』.

또한 소유의 과정과 유사하지 않던가? 증오의 외침만큼 사랑의 외침과 닮은 것은 아무것도 없다. 뿐만 아니라 살인자와 희생자가 서로에게 느끼는 증오는 점차 공모의 감정으로 변하게 된다. 둘에게 공통된 타락은 서로에게 연결 고리로 작용한다. 무슨 일이 있어도 자신으로부터 벗어나려는 격렬한 의지는 타인 속으로 침투하거나(사디스트의 경우) 아니면 자기 내부로 침투하도록 내버려두는(마조히스트의 경우) 의지, 즉 성체 배령 聖體拜領이라는 보들레르적인 욕망을 낳는다.

사드 Sade 후작은 자신의 주인공들을 무관심하거나 냉담한 사람들로 표현하고 있지 않다.* 주인공 가운데 하나는 가난한 식구들을 극도로 잔혹하게 학대한 다음, 두 사내로 하여금 자신을 채찍으로 때리게 한다.

> 나는 내 존재를 뒤흔들고 혼돈에 빠지게 하는 그 무언가를 그들도 느끼게 해주고 싶어.

단독으로 이루어지는 진정한 행복이란 없다. 여기에는 어떤 부정적인 관계가 필수이다.

---

* 클로소프스키 Klossowski, 『나의 이웃 사드 Sade, mon prochain』(쇠이유 출판사, 1947) 참조.

내 생각엔 우리의 행복에는 본질적인 무언가가 빠져 있어. 이는 비교의 기쁨, 단지 불행한 사람을 볼 때만 생길 수 있는 기쁨으로 우리는 여기에 대해서는 전혀 생각해보지 않는다. '그러므로 내가 그보다 더 행복하다'라고 스스로에게 말할 만한 매력이 탄생하는 순간은 바로 내가 가진 것을 전혀 누리지 못하고 고통받고 있는 자를 볼 때이다.

따라서 방탕아는 사람들을 안심시키려고 애써서는 안 된다. 그는 '행복에 필수적인 이 차이를 더욱 뚜렷하게 만들기 위해' 오히려 자신의 상황을 악화시킨다.(『소돔에서의 120일 Les 120 journées de Sodome』[21])

만약 괴테가 말하듯 사탄이 '부인하는 자'라면 그를 모방하는 인간 역시 부인하는 자이다. 폴랭 Polin이 막스 셸러 Max Scheler[22]에게 맞서 주장하고 있듯이 부정적인 가치는 그 자체로 바로 존재하는 것이 아니며, 단지 무언가를 부인하는 정신 속에서만 존재하는 것일 수도 있다. 어쨌든 한 가지 확실

---

21 20세기 들어 발견된 사드의 작품으로 성도착의 다양한 형태들을 보여주고 있다.
22 독일의 유태계 철학자(1874~1928)로 제1차 세계대전 후 사회·문화적 변동이 심한 시기에 체험에 입각한 철학적 문제들을 현상학적으로 확립했다.

한 사실은 악의는 누군가에게 반대할 때만 성립되며, 이 누군가의 존재를 전제로 한다는 것이다. 그리고 이른바 부정적인 가치들이 생겨나는 순간은 도스토예프스키의 『지하 생활자의 수기』에서 볼 수 있듯이 언제나 이미 형성된 하나의 질서에 대항할 때이다.

바이런으로 하여금 신에, 또 사드로 하여금 신과 인간들에, 슈티르너 Stirner[23]로 하여금 사회에 대항해 맞서게 하는 이 부정의 힘이 완전히 자유로운 인간 의지의 표현이란 말인가? 그것은 확실치 않다. 그리고 그러한 문제에 대해서라면 인간을 초월하는 '절대적 존재'를 믿는 대신 개인에 비해 매우 권위가 있는 사회를 신봉하는 사람들에게 물어보는 것만으로도 충분하다.

각 사회적 상황에는, 그 상황에 처한 인간을 이러저러한 방식으로 행동하게 할 뿐 아니라("죄를 짓지 않고 군림할 수는 없다"라고 생 쥐스트 Saint-Just[24]가 매우 현명한 말을 했으며, 또한 앙드레 말로는 "행동이란 이원론적이다"라고 말했다) 선이나 악을 행하게 하거나 또는 선이나 악을 겪도록 하

---

23 독일의 철학자(1806~56)로 헤겔 좌파, 또는 실존철학 계열로도 간주되는 개인주의적 무정부주의자였다.
24 프랑스의 정치가(1767~94). 프랑스 혁명 말기에 활약한 로베스피에르파로 로베스피에르와 함께 단두대에서 처형되었다.

는 어떤 숙명성이 있다.

주인으로 군림하던 사람을 하인의 자리에 두어보라. 그가 하인들이 갖는 모든 결점과 자질, 또 하인들이 갖는 모든 기쁨과 고통을 갖게 되는 광경을 목격할 것이다. 그리하여 그는 다른 사람들에게 명예로운 방식으로 많은 돈을 받아내는 대신 뒷구멍으로 변변찮은 돈을 뜯어내기도 할 것이다. 그리고 과거에는 하인들이 먹기에도 썩 훌륭하다고는 여기지 않았을 음식들을 격식에 맞춰 차리며 멋지게 식사 시중을 들 것이다. 어쩔 수 없는 일이다. 만물의 본성에서 유래한 결과이다.

반대로 낮은 자리에 있던 자를 높은 자리에 올려놓아 보라. 그들이 정신적으로 혹은 육체적으로 변화하는 것을 보게 될 것이다.

"먹이가 없는 말들은 서로서로 싸운다"는 격언이 있듯이 비참함은 사람을 거칠게 만든다. 누군가가 나쁘다고 말하는 것은 곧 그가 불행하다는 말과 같다. 교육학자들 말에 의하면, 나쁜 학생이란 선생이 관심을 주지 않아서 주목을 끌려고 소란을 피우는 학생이라는 것이다. 프랑스어에서 '비참한 자들les misérables'이란 매우 가난한 사람들뿐 아니라 악독한 죄를 저지를 수 있는 사람들을 가리킨다.

이와는 반대로 자신의 세력이나 영향력에 자신만만한 사

람들이 얼마나 주변 사람들에게 친절하고 상냥한지 보라. 보통은 장관이 되면 아주 겸손해진다. 국회의원이었을 때 그가 얼마나 으스댔으며, 후보였을 때 얼마나 비굴한 타협도 마다하지 않았는지 결코 상상할 수 없을 것이다.

현명한 정부는 모든 혜택을 야당에게 주고 여당에게는 아무것도 주지 않는다. 도덕 교육의 시각에서 볼 때 대단히 바람직한 일이다! "착한 사람으로 만들고 싶다면 먼저 그들을 행복하게 하라"고 메르시에Mercier 추기경[25]은 쓰고 있다.

게다가 어떤 상황에서는 다른 덕목과는 도저히 공존할 수 없는 덕목이 발생할 수도 있다. 전쟁에서의 용기와 회사에서의 근면성 등을 그 예로 들 수 있다. 그 자체로서는 각각 훌륭한 덕목이지만 이들을 서로 화해시킬 수 없다는 사실이 장켈레비치가 말한 '가치들의 교착交錯 구조'를 형성한다.

정직성은 하나의 가치이며 재능 역시 하나의 가치이다. 그런데 이 둘은 때때로 서로를 보완하기보다 서로를 배척한다. 일반적으로 사람들은 아침에는 신중하고 정확한 사람과, 저녁에는 가볍고 여유 있는 사람과 함께 하기를 바랄 것이다. 너무나 많은 선善이 존재하기 때문이다.

이것이 바로 최선이 선의 적敵이라고 말하게 되는 경우

---

[25] 벨기에의 로마 가톨릭 철학자이자 추기경(1851~1926). 신스콜라 학파의 중심 인물로 오랫동안 침체해 있던 그리스도교 철학에 새 바람을 불러일으켰다.

제1부 자연적 상관 관계

이다. 선이 많다는 사실은 인간으로 하여금 선택을 강요한다. 그리고 선택한다는 것은 우선 스스로를 괴롭히고 고문하는 일이다. 그러고 나서 이 견딜 수 없는 상태에서 벗어나기 위해 단 하나를 택하고 나머지를 버린다. 선택하는 것, 그것은 선호하는 것이며 따라서 없애버리는 것이다.

종교적 관점에서 죄인들이 존재하는 것과 마찬가지로 사회적 측면에서는 독재자들이 존재한다. 독재자들은 죄인들보다 자신들의 악의에 더 많은 책임이 있는 걸까? 현재 형성되고 있는 혁신적 교회라면 그렇기도 하고 아니기도 하다고 대답할 것이다. 하지만 아마도 아니라는 대답이 더 많을 것이다.

공상적 사회주의는 부르주아들과 자본주의자들의 악의를 마치 그들의 개인적 과오처럼, 그러나 정신적 노력이 제거할 수 있는 과오처럼 그들 탓으로 돌렸다. 그 경우 이상理想이란 집단 개종이었을 것이다. 그러나 좀더 노련한 과학적 사회주의는 이 악의에서 경제의 특정 단계에서 나온 결과를 보고 있다. 라비슈Labiche[26]가 그리고 있는 부르주아들이 지참금이나 유산, 주식회사만을 생각하는 것은 통탄스러운 일이다. 그러나 그렇게 될 수밖에 없었으며, 차라리 그 편이 낫다.

---

[26] 프랑스의 극작가(1815~88). 특히 제2제정과 프랑스 제2공화국 시절 부르주아들의 생활상을 그렸다.

변증법은 여기서 '신의 섭리'와 같은 역할을 한다. 같은 시기에(왜냐하면 라비슈와 쥘 발레스Jules Vallès[27]는 동시대인이므로) 민중의 권리를 보호하기 위해 바리케이드 위로 기어올라가고, 그들보다 더 가난한 이와 빵을 나누어 먹었던 젊은 노동자들과 이 무슨 묘한 대조인가! 한쪽은 유다이며 다른 한쪽은 성 요한이다.

그런데 자신의 상황을 의식하고 있는 젊은 부르주아들은 상당히 불행했다. 자신들은 아마도 자신들의 악덕에서는 치유될 수 있었을 것이다. 그러나 자신의 계급에서는 어떻게 벗어날 수 있었을 것인가? 바로 이것이 한밤의 계시 속에서 자신이 영원히 버림받았다는 것을 알게 된 자들이, 아니면 야곱처럼 천사와 싸운 뒤 자신에게 분에 넘치는 운명이 예정되어 있음을 알게 된 자들이 겪어야 하는 고통인 것이다. **행동하는 것이** 문제라면……. 그러나 문제는 **어떤 존재냐** 하는 점에 있다!

아라비아의 향수로 맥베드 부인의 손에 묻은 피를 씻을 수 없는 것과 마찬가지로, 기계에 치는 더러운 기름으로 한때 놀고 먹던 손이란 사실을 잊게 할 정도로 손에 때를 묻힐 수는 없다. 도덕적 방탕함과 공격적인 무신앙은 그들의 자발

---

[27] 프랑스의 작가 겸 신문기자(1832~85). 프롤레타리아 계급에 대한 열광과 특히 부르주아 사회에 대한 증오를 그렸다.

적인 성격으로 인해 더욱 간극을 강조할 뿐이다. 우리는 프롤레타리아가 되는 것이 아니라 그렇게 태어나는 것이다! 그런데 우리는 우리가 될 수 없는 것으로 태어나지 않았다는 사실 때문에 유죄가 되는 것이다!

예수가 한 다음과 같은 말은 바로 이 모순에 대해 이야기한다.

"실족케 하는 일이 없을 수는 없으나 실족케 하는 그 사람에게는 화가 있도다."(「마태복음」 18장 7절)

그리스어로 스칸달론 σκάνδαλον 은 누군가의 앞에 놓인 함정, 그를 넘어지게 하려고 놓아둔 장애물을 의미한다. 따라서 악에는 두 가지 양상이 있다. 하나는 필수적이며 피할 수 없는 것, 다른 하나는 자유로우며 면제될 수 있는 것이다. 어떤 과오가 저질러질 것이라 쓰여 있지만 내가 그 과오를 저지를 것이라고는 쓰여 있지 않다.

어떻게 하면 거기서 벗어날 수 있을까? 바로 **변증법적 중재**에 의해서이다.

근원에는 무엇이 있을까? 악일까 아니면 악의일까? 이를 지켜보는 **증인**으로서, 나는 차츰 그것이 악이란 생각 쪽에 기울어져왔다. 또한 악은 필수적인 것으로, 인간은 자신의 의도와는 상관없는 연극의 연기자였을 뿐이라고 주장해왔다.

그리고 하나의 **행위자**로서 나는 지금 이 순간 그 행위자가 자발성을 갖고 있으며, 또다른 몇몇 이들은 그들이 사회적인 관점을 택하느냐 종교적인 관점을 택하느냐에 따라 그보다 앞서거나 그와 유사한 좀더 큰 자발성을 갖게 된다는 것을 인정한다.

나는 악과 악의, 이 둘 가운데 어느 하나를 선택하고 싶으나 그 어느 것도 진실이 아니므로 그렇게 할 수가 없다. 이 둘 사이에는 하나의 폐쇄 순환이 존재한다. 즉 악이 악의를 낳으면, 악의는 또 악을 낳는다. 어느 것이 먼저 시작되는지 알기는 어려우며, 이 두 개념 사이의 관계는 변증법적이다. 힌두교도들은 이 문제를 완벽하게 설명하는 개념, 즉 '업 Karman'의 개념을 갖고 있다. 우리는 우리가 스스로 자행한 바로 그것이다. 즉 나쁜 행위는 나쁜 본성을 만들어낸다. 그러나 또한 이 나쁜 본성이 우리로 하여금 나쁜 행위를 만들어내게끔 한다. 이렇게 되풀이되는 것이다.

전쟁 문제는 의미가 분명치 않은 이 진실을 놀랍도록 잘 그리고 있다. 왜 전쟁이 존재하는가? 모든 사람들이 이에 대해 재빨리 답을 준비하긴 하지만 이는 무엇보다 답하기 어려운 질문이다. 자유와 필연성이라는 관점에서 보자. 전쟁은 자유 의사로 발발하는가? 그렇다. 왜냐하면 책임자를 수색하고 마침내는 색출하기 때문이다(오히려 수색을 시작하기도 전에 그들을 찾아내기 때문이다).

그런 반면 전쟁은 자유 의사로 발발하는 것이 아니기도 하다. 왜냐하면 어떤 이들에겐 경제적인, 또다른 이들에겐 정치적인 상황들이 전쟁을 불가피하게 만들기도 하기 때문이다. 그렇다면 이런 상황들을 없애야만 하는가? 또 그럴 경우 전쟁에 과오가 있는 자들은 더 이상 책임이 없다는 말인가? 아니, 그렇지는 않다. 왜냐하면 그들은 상황을 전쟁으로 몰아넣었기 때문이다. 그렇다면 이 전쟁은 피할 수 있었던 것인가? 그것 또한 아니다. 분명 다른 주동자들이 있었을 테니까 말이다.

이것이 바로 예정설의 신비이다.*

---

* 찰리 채플린의 영화 중 철학적 의도가 있는 영화 「베르두 씨 M. Verdoux」에서 베르두 씨는 범인으로 등장한다. 그런데 이 범인은 또한 희생자이기도 하다. 그는 몇몇 인물들을 죽이지만 사회에 의해 '죽음을 당한다'. 사실 그는 사회가 죽이는 것보다 훨씬 더 적은 사람들을 죽이며, 단지 사회로부터 자신을 보호했을 뿐이다. 따라서 베르두 씨는 사실상 절반만 자유로운 것이다. 그러므로 자유롭기 때문에 책임을 져야 하는 것은 사회이다. 그리고 사회 역시 완전히 자유로운 것은 아니라는 생각도 인정하자. 물론 사회는 위기를 야기시키고 군수품 상인들을 부추긴다. 그러나 결국 존재의 악이란 더욱 심오한 것이다. 베르두 씨가 거두어 보살펴주었던 소녀가 읽고 있던(찰리 채플린 자신이 젊었을 때 읽었던) 쇼펜하우어는 훨씬 더 보편적이고 근원적인 악을 이야기하고 있다. 왜냐하면 그는 이 악을 삶의 욕망 자체와 동일시하기 때문이다.

가장 좋은 것과 가장 나쁜 것의 상관 관계 4

일반적으로 선과 악의 본질을 아는 것은 하나의 문제이다. 그런데 선과 악의 다양한 등급을 아는 것은 또다른 부수적인 문제이다. 그리고 만일 이렇게 등급이 나뉘어, 예를 들어 '더 좋은meilleur' 것과 '덜 좋은moins bien' 것이 있다면, 이 가운데 어떤 것을 다른 것보다 선호해야 할까?

이 경우는 도덕이 응용된 문제이다. 상식적으로 '가장 좋은 것'이 진정한 '선'에 이르기 위해 더 낫다고 지적할 수 있다. 그러나 민간에서 전해지는 지혜는 그 반대 의견을 내세운다. 누구를 믿을 것인가? 바람직한 것이 가장 좋은 것과 일치하는가? 판단과 행동은 일치해야 하는가, 아니면 제각각 가야 하는 것인가? 후자의 경우 선이 여러 등급으로 나뉜다고 보지는 않는다. 그리고 등급이 나뉜다고 믿는 데서 오는 환상이 오히려 선에서 멀어지게 할 뿐이라고 주장한다.

우리가 도덕적 세계가 여러 등급으로 나뉜다고 믿는다

면, 그것은 아마도 물리적 세계와의 유추에 의해서일 것이다. 모든 형태의 에너지들은 측정될 수 있다. 그리고 그 에너지 형태들은 결국 열이나 납 등으로 분산되어 질적으로 다양해진다. 자연의 법칙인 엔트로피는 또한 정신의 법칙이기도 할까? 그렇다면 평균적인 결과를 얻기 위해서는 상당히 노력해야만 할 것이다. 평균 시속 60킬로미터에 이르기 위해 80킬로미터로 달리는 운전사나, 단지 진창에서 벗어나기 위해 말에 채찍질을 하고 신에게 욕을 해대는 마부처럼.

'최선'이 나타나는 그 첫 번째 양상은, 수적이든 공간적이든 기능적이든 간에 '최대 le maximum'라는 형태이다. 최대한 많은 사물이나 사람을 자기 지배하에 모으기, 최대한 넓은 땅을 정복하기, 최대한 빨리 무에서 무한까지 통과하기, 이런 것들이 바로 욕심쟁이를 유혹한다. 이 욕심쟁이는 어설프게 자연을 모방하고 있을 뿐이다. 자연이란 목표를 가지고 있을 경우 그 목표에 도달하기 위해 순전히 낭비라고 볼 수 있는 무모한 수단들을 수없이 사용하기 때문이다(베르그송 Bergson은 '언제나 너무 많이'가 바로 자연의 좌우명이라고 말한다).

그런데 지성 知性이란 경제적인 적응에 있다. 일단 완성된 발명품들이 진보한다는 것은 똑같은 목적에 이르기 위한 수단들이 점차 절감되어감을 말한다. 자동차와 비행기 기계 장

치는 갈수록 더 간단해지고 편리해진다. 최대를 중시하던 우리가 '최적l'optimum'을 중시하게 되었다는 것 말고 무엇을 더 말할 수 있겠는가? 부자도 가난한 자와 똑같이 위의 크기는 한정되어 있다고 플라톤은 적고 있다. 여기서 유일하게 우리 관심을 끄는 인간의 관점에서 볼 때 최대란 아무 의미가 없다. 신문에서는 단지 호기심을 자극하기 위해 인간이 먹고 마실 수 있는 양의 한계를 뛰어넘겠다는 사람들의 내기에 대해 이야기할 뿐이다. 또한 정복욕에서 한계를 느끼지 못하고 피로스Pyrrhus[28]처럼 시네아스Cinéas[29]가 지금 쉬는 편이 나을 것이라 조언했는데도, 다음번에 쉬기 위해 당장 제국을 확장시키겠다고 하는 자들도 마찬가지일 것이다.

게다가 공간적인 것과 시간적인 것 사이에는 내적 대립이 존재한다. 즉 **많은 것**은 오로지 서서히 조금씩만 획득될 수 있다는 점이다. 어쨌든 우리에게 최대란 단지 그것이 최적의 양상을 띨 때에만 의미가 있다. **기록 세우기**에서도 마찬가지이다.

그렇다면 최적이란 과연 무엇일까?

최선의 두 번째 양상은 **질**의 개념을 내포한다. 그런데 불

---

[28] 고대 그리스 북서부 에페이로스의 왕(B.C. 319~272)으로 영토 확장을 위해 이탈리아, 시칠리아, 카르타고 등 수많은 나라에 원정을 나갔다.
[29] 그리스의 정치가(B.C. ?~279)로 피로스 왕 당시에 재상이었다.

행히도 이 개념은 우리에겐 양의 개념과 연결되어 있어서 최적과 최대를 구분하는 데는 어려움이 있다. 이는 마치 중국인들이 최적을 '최소 le minimum'와 구분하는 데 어려움을 느끼는 것과도 같다. 그러나 이 최적과 최대 사이에 필연적인 관계는 없다. 어쨌든 중국인들의 예는, 가장 큰 것을 가장 좋은 것으로 보는 것이 순전히 우리 서양인들의 오랜 습관이라는 사실을 보여줌으로써 도움을 준다.

도교 신봉자들은 남의 눈에 띄지 않고 드러나지 않는 자에게 존경을 보낸다. 그리하여 "만약 당신에게 수탉 같은 힘이 있다면 암탉처럼 행세하라"라든가 "장군은 불길한 존재인 것처럼 식탁에서 언제나 말석에 앉게 된다" "꼴찌가 바로 일등이다" 등등의 말이 나오게 되었다.

반대로 가장 높은 수준에 이른 품질을 볼 때 우리는 그것이 선에 대립된다고 장담할 수 있을까? 그렇지는 않은 듯하다. 그러나 여기서 구별을 할 필요가 있다. 만일 **가장 좋은 것**(최상급)을 완벽에 이른 선이라 한다면, 그때 가장 좋은 것과 완벽에 이른 선 사이에 대립이 있다고 주장할 수 없다. 즉 무조건적인 너그러움은 이해 관계나 기쁨 등 아주 다양한 동기들에 의해 행해지는 모든 너그러운 행위들의 본보기가 되며, 그 행위들과 본질에 있어서는 동일하다. 그런데 만약 **더 좋은 것**(비교급)이란 소위 말하는 선보다 우월한 선이며 또 선과 비교해서 더 나은 것이라 한다면, 그때는 논란의 여지가 있는 명제를 주장하는 셈이다.

리굴로Rigoulot[30]가 기록을 갱신했다는 기사를 읽게 될 때, 우리는 그가 이미 과거에도 **잘한 바 있으며** 지금은 **더 잘하고 있다**는 것을 이해하게 된다. 그러나 우리는 이것이 우리가 알지 못하는, 그러나 아마도 훨씬 더 귀중한 다른 선들을 희생시켜가며 얻은 것은 아닌지 자문해볼 수 있다.

이 모든 것은 가장 좋은 것은 절대적이며 더 좋은 것은 상대적이라는 것을, 그리고 더 좋은 것은 가장 좋은 것을 그르치게 할 위험이 있다는 것을 의미한다. 기록과 관련이 있을 경우 가장 좋은 것을 중시할 때 더 잘하게 하는 것은 분명하다. 그러나 우리는 그것이 어떤 희생의 대가로 이루어지는지, 또 결국 이러한 시도의 총결산이 무엇이 되는지 결코 알 수 없다.

인간은 환상에 사로잡혀 있기 때문에 이러한 진실을 인정하지 못하고 있다. 그런데 이 환상을 모두 깨뜨려버려서는 안 된다. 그 환상이 인간으로 하여금 살아갈 힘을 제공하기 때문이다. 멀리 있는 것에 대한 환상을 그 예로 들 수 있다. 지구 전체가 거의 다 알려져 있는 오늘날에는 공간적으로 멀

---

30 프랑스의 역도선수(1903~62). 1924년 올림픽 금메달리스트로 수많은 신기록을 세웠다.

다는 것이 그리 유혹적이지는 않다. 그러나 '다른 곳으로! 더 먼 곳으로!'라는 구호가 아직도 존재한다. 이것이 바로 여행을 하는 이유이다. 비록 이 여행 때문에 언제나 곤욕을 치르게 되긴 하지만. 왜냐하면 일할 가정부가 없다고 투덜대는 사촌 누이 이본느 드 로모랑탱을 떠나가지만 요코하마에서 인력거꾼 파업을 불평하는 국화 부인31과 만나게 되기 때문이다.

하지만 때때로 실망 다음에 회한이 온다 해도 이는 전혀 중요하지 않다. 빌헬름 마이스터32는 자신이 고귀하게 여기는 주장을 옹호하러 미국에 가기 위해 고아가 된 어린 동생들을 저버렸다. 그가 가까운 것보다 먼 것을 선택한 것이 과연 옳았던가? 하고 괴테는 묻고 있다.

미래는 우리들 또는 타인들의 행복을 만들어줄 것이라 여겨지는 것을 향해 우리가 언제나 더 멀리 나아가도록 하고, 또 상상력을 매혹시키는 그 아득한 지평선을 통해 우리를 속일 수도 있다. 수많은 개혁이나 혁명이 필수적이라는 것은 사실이다. 그러나 피상적인 역사철학은 더 좋은 것에 대한 의지

---

31 피에르 로티 Pierre Loti의 소설 『국화 부인』(1897)의 등장인물들.
32 괴테의 소설 『빌헬름 마이스터의 수업 시대』 및 『빌헬름 마이스터의 편력 시대』의 주인공으로, 이 소설은 그의 심리적·사회적·정신적 형성 과정을 그리고 있다.

가 선에 대한 애정을 대체할 수 있으며, 이 의지는 거역할 수 없는 흐름에 바탕을 두고 있다고 믿게 한다. 과거에 대해서도 마찬가지로 말할 수 있다. 더 좋은 것은 부인할 수 없는 명백한 사실 속처럼 과거 속에 숨을 수도 있는 것이다. 영원한 현재 속에 살고 있는 수피교33도들은 행복할지어다!

기술 분야에 있어서는 그 진보가 아무리 놀라운 것이더라도 언제나 경계해야 한다. 그리고 강철보다 단단하고 황금보다 귀한 새로운 금속이 있을 것이라 믿지 않도록 주의해야 한다. 매일같이 더 좋은 것이라 선전하며 팔려는 상인과 덜 좋은 것 아니냐고 의심하는 고객 사이에 실랑이가 벌어진다.

예술 분야에 있어서는 현대적인 감수성으로 보면 소묘 작품이 완성된 작품보다 흥미롭고, 화가 저마다의 기질이 그려진 사물보다 더 중요하고, 그림의 독특한 개성이 아름다움보다 더 의미 있다. 아카데믹한 화가들이 자신들을 다른 화가보다 더 잘 그린다고 평하는 것은 옳다. 이는 부인할 수 없는 사실이다. 그들은 원근법을 배웠으며, 사물과 꼭 닮게 그리고 있으며, 화면을 조화 있게 구성하며, 전통을 따르고 있기 때문이다. 그리고 잘 그리는 것도 어려운 일이기 때문에, 더 잘하기란 사실 무척이나 어렵다는 그들의 말 역시 옳다.

33 9세기 중엽 페르시아에서 발생한 것으로, 이슬람 교도 가운데 이전의 동방 신비주의의 색채를 띤 철학자가 창안했다.

그러나 역시 중요한 것은 잘하는 것이다.

실용적 행위와 도덕적 행위가 문제될 경우, 일반적으로 사람들이 생각하는 것과는 반대로 성공을 당연한 목표로 삼는 실용적 행위는 그것이 너무 지나치게 강요되지 않을 때에만 완벽한 효과를 발휘할 수 있다. 수많은 과정이 필요한 작업은 그 과정이 유발하는 피로 때문에 도리어 일을 그르치게 할 수도 있다.

야심가들에게 있어 지위 상승은 쉼없는 활동과 끊임없는 노력의 결과라고들 말한다. 그러나 실상은 그렇지 않다. 오히려 그들의 지위 상승은 모든 인간들이 겪게 되는 것, 즉 사랑, 혁명, 전쟁, 놀이 등에서 기인한다. 그리고 그들은 이러한 것을 능수능란하게 이용함으로써, 그리고 다른 이들에게 나쁘게 혹은 좋게 보이는 어떤 것도 소홀히 하지 않음으로써 자신이 바라는 바를 얻게 된다. 달리 말해 그들을 성공으로 이끄는 것은 행동이 아니라 정열, 고귀하거나 혹은 비열한 정열인 것이다.

이는 참으로 유감스러운 일이다. 도덕적 행위에 있어서도 마찬가지일까? 바레스Barrès[34]가 강한 자들에 대해 했던 말, 곧 "강한 자들의 비결이란 끊임없이 자제하는 것이다"라

---

[34] 프랑스의 작가이자 정치가(1862~1923)로 자기 수양에 대한 이야기인 『자아 예찬』 등을 썼으며, 전통주의적 국가주의자이다.

는 말을 덕망 있는 자에 대해서도 똑같이 할 수 있지 않을까? 그런데 바레스가 애국 지사로서 또 작가로서 부분적으로만 성공적인 업적을 이루었다면, 그것은 바로 자신에 대해 무리할 정도로 심한 억압을 강요했기 때문이다. 그런데 이 억압은 '눈사태'와 비슷한 심리학적 법칙에 따라 그의 작품을 읽는 독자에게는 몇천 배나 더 견디기 어려운 억압이 되고 만다.

이런 사실은 직접 말을 듣고 있을 때 더욱 뚜렷이 나타난다. 덕목을 열거하는 것은 오히려 도덕주의자들이 추구하는 목표에 역기능을 한다. 어느 누구도, 당신을 위해 그렇게 한다고 맹세하는 자보다 더 불쾌한 감정을 불러일으키지는 못하리라. 언젠가 어느 작가는 주변 모든 사람들이 자신의 부인에 대해 "그녀는 헌신의 천사입니다"라고 말하는 것을 듣고 다음과 같이 외쳤다.

더 이상 꼴도 보고 싶지 않으니 어서 데려가시오. 그녀는 마치 코르네유Corneille[35] 작품에 나오는 여주인공 같단 말이오!

종교 재단이 세운 학교들은 교권 반대주의자들과 무신론

---

[35] 프랑스 고전주의 문학의 대표적 극작가(1606~84)로 의무감에 가득 차 정념을 극복하는 의지의 인물들을 주로 그렸다.

자들을 양산하고, 반대로 일반 학교에서는 충실한 신자들을 배출한다. 진정한 덕목은 꽃들이 보여주는 예를 따른다. 즉 떠들어대지 않는다.

힌두교도들이 선에 도리어 악을 보태는 결과를 가져오는 서양인들의 과시적 도덕주의를 비난하는 것은 당연하다. 자선회를 개최한다, 경의를 표한다, 축제를 연다고 선전하는 것은 오히려 베풂을 받는 자들에겐 그만큼 모욕이 되는 것이다. 수백만의 죽음을 남기고 지구가 이제 막 지진을 끝내자마자 무도회가 개최되고 모두가 춤을 추기 시작하다니!

인도 남부에 크리슈나메논Krishnamenon이란 현자가 있었다. 어느 날 누군가가 찾아와, 몸이 아프지 않은데도 심적 상태가 삶의 욕망을 앗아갈 지경에 이른 인간을 위해 자신이 무엇을 해야 하느냐고 물었다. 현자는 답했다.

그가 살도록 당신이 죽으시오! 그를 위해 아무것도 하지 마시오. 오직 그의 눈앞에서 사라지시오. 배경처럼 되시오. 그리고 당신의 그 풍부한 생명력으로 그를 질식시키지 마시오. 물러나시오. 그러면 그에게 저절로 생명이 되살아날 거요.

이제 더 좋은 것이 선[36]의 적이라는 사실에 대해 한두 가지 설명을 덧붙이도록 하자. 과오는 '진정한 선' 그 자체에 있는 것일까? 아니면 인간에게 있는 것일까? 우리들 견해로는 이 둘 모두에게 있다. 즉 진정한 선은 조각나버렸고 인간은 무능하다.

우선 선이 단 하나뿐이라면 문제는 쉬워질 것이다. 즉 어느 시대에나 존재하는 낙관주의자나 이상주의자 들의 생각처럼 여러 가지로 등급이 다를 뿐인 단 하나의 선이 있다면 말이다. 그러나 언뜻 보기에도 그렇지는 않다. 선은 복수 개념으로 나타나지 단 하나로 나타나지는 않는다. 육체의 선이 있고 정신의 선이 있다. 다시 말해 물리적인 선이 있고 정신적인 부富가 있다. 육체의 선 가운데서도(왜냐하면 선에는 여러 가지가 있으므로) 입에 선(시원한 음료나 잘 익은 과일, 오래 묵은 포도주 등)이 되는 것은 물과 야채 등 허리에 선이 되는 것과는 다르다. 마찬가지로 다리에 선이 되는 것은 머리에 선이 되는 것과는 다르며, 눈에 선이 되는 것은 귀에 선이 되는 것과는 다르다. 선은 종류가 아주 많으며, 사람은 나이가 들수록 점점 더 많은 선에 대해 알게 된다. 그리고 선이

---

36 1장에서 'bien'이란 '악le mal'의 대립 개념으로 '선'을 의미한다. 그런데 4장에서는 '더 좋은 것mieux'과 '가장 좋은 것le meilleur'의 원급인 상태로, 즉 나은 것, 좋은 것, 행복 등 다양한 의미로 쓰였으나 제1부 전체에서 표현상 통일감을 주기 위해 선으로 번역했다.

이토록 풍부하고 다양하다는 점을 고려해볼 때, 우리는 이미 천국에 와 있다고 한 일본의 어느 여성 시인의 말이 옳을 것이다.

이 많은 선에 대해 알지 못한다면 어떻게 우리에게 무언가가 부족하다는 사실을 깨달을 수 있겠는가? 모든 것이 우리 감정을 해친다는 것은 어떤 것도 우리 감정을 해쳐서는 안 된다는 의미와 같다.

선이 풍부하다는 것은, 우리가 다른 선을 배제하지 않을 수 있다면 아마도 해로운 일은 아닐 것이다. 그런데 대부분의 선은 서로 양립할 수가 없다. 이것이 바로 더 좋은 것을 선의 적으로 만들고 있다. 더 좋은 것을 원하는 것, 그것은 어떤 선도 다른 선을 위해 희생시키지 않겠다는 것을 뜻하며 따라서 그 모든 것을 놓칠 위험을 내포하고 있다.* 교육자들은 학생들에게 보편적 인간이 되라고 권한다. 여기서 단지 전문화되는 나이를 늦춘다는 것만이 문제라면 틀린 얘기는 아니다. 그러나 그 어떤 것도 강렬한 적성을 거스를 수는 없다. 또한 스포츠나 예술에 있어서 우수하다는 것은 반드시 다른 어떤 면

---

* 소피Sophie의 불행은 바로 여기서 비롯된다〔세귀르Ségur 백작부인의 소설 『소피의 불행』(1858)은 주인공인 여자아이 소피가 도덕적 귀감이 될 만한 사내아이의 행동이나 처신과는 달리, 현실이 요구하는 규범을 어기고 수많은 실수를 저지르면서 다치거나 야단을 맞는 등 불행을 겪는 이야기를 그리고 있다—옮긴이〕.

에 있어서 부족하거나 포기할 수밖에 없다는 것을 뜻한다.

그러나 정신적인 선들은 예외인 것으로 보인다. 발레리 라르보Valéry Larbaud[37]는 독서는 벌받지 않는 악덕이라고 씀으로써 이러한 사실을 주장했다. 그런데 지드는 이 악덕이 드뤼옹Druon[38]을 망쳤다고 반박했다. 언제나 자신의 자료가 불충분하다고 생각했던 드뤼옹은 한 권의 책도 끝낼 수 없었기 때문이다. 읽는다는 것과 쓴다는 것은 양립할 수 없다. 명상과 교육도 마찬가지다.

또다른 하나의 선에 도달하기 위해서는 나머지 한 가지 선을 포기해야만 한다. 때로는 하나의 선을 얻기 위해 하나의 악을 취해야 할 때도 있다. 병이 낫게 하려면 의사나 외과 의사에게 잠시 동안 고통을 받아야 한다. 짐을 많이 실은 배가 폭풍우를 만났을 때 양 상인은 자신의 생명을 구하기 위해 귀중한 가축들을 갑판 너머로 던져버린다.

스콜라 학파 학자들이 말했듯이, 이는 처음 혹은 이전에 지녔던 의지를 저버리면서 결론적인 혹은 나중에 지니게 될 의지에 복종하는 가운데 이루어진다. 아리스토텔레스는 말했다.

"인간은 그들이 하고 있는 것 자체를 원하는 것이 아니

---

37 프랑스의 작가(1881~1957).
38 프랑스의 소설가이자 극작가(1918~)로 발자크의 『인간 희극』 같은 역작을 꿈꾸며 연작 소설을 썼다.

라 그렇게 하게 만드는 원인이 되는 것을 원한다."

이것이 곧 기쁨을 얻기 위해 고통을 감수하는 이유이다.

바로 이러한 심리학적 메커니즘이 인간으로 하여금 악은 아니더라도 고의로 덜 좋은 선을 추구하게 만든다. 그래서 실험실에서 관찰하기 위해 인위적으로 농양을 고정시키기도 하고, 선동을 하거나 스파이 행위를 하기도 하는 것이다. 좀 더 무해한 방법으로 불행을 덜 느끼기 위해 비극적인 소설을 읽을 수도 있으며, 내게 닥치지 않은 갖가지 불구와 질병을 상상해볼 수도 있다. 장 폴랑Jean Paulhan[39]은 말했다.

"더 나쁜 것은 악의 적이다."

이 전환의 필연성 때문에, 성공을 원했던 자들이 어느 시대나 사용했던 격언인 목적이 수단을 정당화시키지 않는지를 파악하는 것은 철학적 문제가 된다. 여기서도 역시 '더 좋은 것'은 선의 적이다. 권모술수를 쓰는 인간은 **더 좋은 것을**

---

39 프랑스의 작가(1884~1968)로 언어 연구가, 문학 평론가, 예술 평론가이기도 했다. 프랑스의 순수 문학 잡지 『신프랑스 평론N.R.F.』의 편집자를 역임하면서 재능 있는 수많은 문인을 발굴해 프랑스 문학의 막후 참모 역할을 했으며, 20세기 전반기를 산 거의 대부분의 작가들과 나눈 방대한 서간집이 있다. 언어와 개념 사이의 이중성을 해명하고자 한 초기의 명료한 데카르트식 탐색에 이어, 신비주의와 동양의 노자 사상에 매료된 후기에 이르러서는 언어와 개념과 사물이라는 세 요소를 하나로 통합하려는 노력을 통해 '존재의 완벽한 충만'을 향한 형이상학적 명상으로 기울어졌다. 1963년 아카데미 프랑세즈의 회원이 되었으며, 장 그르니에가 이 책『존재의 불행』을 헌정한 인물이기도 하다.

얻기 위해 **더 나쁜 것**을 행한다. 그리고 마침내 더 좋은 것에 이르게 된다. 그런데 그가 거기에 도달하면 이 더 좋은 것은 더 이상 선일 수조차 없게 된다.

로렌자초[40]는 폭군의 손아귀로부터 조국을 구하겠다는 매우 고귀한 이상을 지니고 있었다. 왕에게 신뢰를 주기 위해 스스로 타락해가면서도 그는 자신이 잘하고 있다고 믿는다. 그런데 마침내 그는 자신의 첫 번째 희생자가 되고 만다.

또한 더 좋은 것은 인간의 나약함에 의해, 그의 무지함과 자만심에 의해 선의 적이 된다. 한 유명한 가족이 이러한 진실을 잘 보여주고 있다.

드미트리 카라마조프는 스스로 자신은 충동적이고 육감적이며 난폭하기 때문에 강하다고 생각한다. 그의 니체적 이상은 그로 하여금 행복이 될 수 있었던 것의 바로 옆을 스쳐지나가게 했다.

이반 카라마조프의 오류는 더욱 심각하다. 그는 삶에 대해 오만하지는 않았지만 인식에 대해서는 오만했다. 그는 목표를 너무나 잘 계산했기 때문에 오히려 목표를 놓치고 만다.

단지 순수한 마음을 지닌 알료사만이 선을 행하게 된다.

---

[40] 알프레드 드 뮈세의 5막으로 된 희곡 『로렌자초』(1834)의 주인공으로, 권모술수를 써서 폭군 알렉산드르를 죽이나 도리어 자신의 행위 때문에 비난받고 살해된다.

더 좋은 것을 찾지 않기 때문이다. 마찬가지로 『백치』의 무이스킨 공작도 선을 행한다. 이는 그가 더 좋은 것을 모르기 때문이다.

게다가 인간이 언제나 스스로 더 좋은 것에 대한 욕망을 갖는다는 것은 사실일까? 이 욕망은 그가 권유받은 것일 수도 있다. 그리하여 그 자신의 나약함에 다른 나약함들의 무게가, 그 자신의 무지함에 다른 무지함들의 무게가 덧붙여진다. 아담이 선과 악을 인식하는 편이 더 좋다고 수긍했던 것은, 이브가 뱀의 충고를 따랐듯이 그가 이브의 제의를 온순하게 따랐기 때문이다.

유혹의 본질은 이 더 좋은 것 속에 있다. 이 유혹은 현대 사회에서 빈번히 행해지고 있으며 이번에는 광고가 이브와 사탄 역할을 한다. "글을 쓸 줄 안다면 당신은 그림을 그릴 줄도 아는 것입니다"(그러나 글을 쓸 줄 안다는 것만으로도 이미 대단한 일이다).

인간적 나약함이 직접적으로 혹은 간접적으로 드러날 경우, 그것은 가치의 혼돈을 증대시킬 뿐이다. 나는 주관성의 책임과 객관성의 책임 사이에서 선택을 하고 싶지는 않다.

이러한 한탄스런 상황이 주어진다면 여러분은 어떻게 할 것인가? 우리는 **더 적은 것**이 **더 많은 것**보다 더 낫다는 원칙에 기반을 둔 행동이나 표현, 내적 삶에 관해 몇 가지 제안을 하게 될 것이다.

특기할 만한 점은 정신의 문제들이 언제나 모호한 방식으로 표현되었다는 사실이다. 이는 **비밀**이 존재한다고 믿게 했는데 사실은 **신비**가 존재하는 것이며, 비밀이란 밝혀질 수 있는 것인 데 반해 신비란 불행히도 그 뜻을 헤아릴 수 없는 것을 말한다. 따라서 굳이 비교주의秘敎主義를 내세우지 않더라도 우리는 신비의 감정이 없는 인간은 정신적 진보에 있어서는 한치도 앞으로 나갈 수 없다고 주장할 수 있다. 그런데 이 진보란 단지 **묵설법**默設法에 의해서만 가능하다.

여기서 나는 묵설법적 표현을 '움직이지 않는 산책'과 '빈 봉투', 그리고 '중단된 설교'라는 세 가지 상징적인 예를 들어 설명하겠다.

보린Bohlin이 쓴 키에르케고르 전기는 키에르케고르 부친의 순전한 괴벽에 대해 다음과 같은 사실을 말해준다. 날씨가 좋을 때면 종종 아버지는 아들 쇠렌에게 함께 산책을 하자고 했다. 그런데 그것은 여느 산책과는 전혀 달랐다. 아버지와 아들은 방에서 나가지 않았는데 그러면서도 아버지는 아들을 자연 속으로 안내했다.

그는 아들과 함께 시내에서 빠져나와 때로는 오래된 프레데릭스보르그 성 쪽으로, 때로는 순드 강 쪽으로, 때로는 엘스뇌르 거리로 나가곤 했을 것이다.

저녁이 되면 그는 아들에게 다음과 같이 말했으리라.

"오늘 산책이 실망스러웠니? 넌 육신의 눈으로 보지 않았고 육신의 귀로 듣지 않았단다. 넌 거울 속에서 보았으며 메아리 속에서 들었던 것이다. 중요한 것은 바로 이 남은 찌꺼기라는 사실을 훗날을 위해서 알아두도록 해라. 그리고 이 여행 속에서 네가 잊을 수 없는 것만 기억하도록 해라.

지난 일요일에 먹었던 꿀로 만든 과자를 기억하니? 그 후 오랫동안 손가락이 끈적끈적했겠지. 그러나 손가락에 달라붙어 있던, 그리고 다행스럽게도 네가 아직 떼내지 않았던 그 무엇, 또 우리가 거쳐 갔던 장소마다 비치던 그 중국풍 그림자, 이것이 바로 시란다."

고비노Gobineau[41]의 소설 『레 플레야드*les Pléiades*』에서 남자 주인공은, 이제는 빌르나에 머무르고 있는 연인에게 매년 그들이 처음 만난 기념일마다 흰 종이가 든 편지를 보낸다. 그 어떤 정절의 맹서보다도 이 백지는 더욱 큰 웅변이었다. 인간에게 있어 모든 것을 표현하는 유일한 방법은 바로 아무

41 프랑스의 외교관이자 작가(1816~82).

것도 이야기하지 않는 것이다. 간접적인 표현, 이것만이 우리에게 허락된 유일한 것이다.

만약 누군가에게 단지 발송인의 이름만 쓰여 있을 뿐 아무것도 들어 있지 않은 빈 봉투를 보냈다고 하자. 대번에 초조해질 것이다. 반대로 장문의 편지를 써 보냈다면 받은 사람은 끝까지 읽지도 않을 것이다. 그래서 편지가 무언가를 요구하고 있다면 그 요구를 거절할 이유를, 제안을 하고 있다면 그 제안에 반대할 구실을, 초대를 하고 있다면 그 초대를 거절할 명분들을 찾아냈을 것이다. 편지의 구절구절이 그에게 적당한 대책을 마련하게 했을 것이다.

그러나 내가 아무것도 요구하지 않으면, 아무것도 말하지 않으면, 그는 무엇을 생각하고 무엇을 준비할 것인가? 그는 당황스러워질 뿐만 아니라 심한 혼돈에 빠지게 될 것이다. 그에게 제시되지도 않은 물음에 대한 답변을 강요받게 될 것이다. 아니면 오히려 암시를 무시할 수 없는 처지에 놓이게 될 것이다. 왜냐하면 질문은 무시할 수 있을지라도 암시는 무시할 수 없기 때문이다.

아마도 이 빈 봉투는 여러 경전들이 지닌 수수께끼를 풀어줄 열쇠가 될 것이다. 이런 경전들은 바쁜 독자들에게는 단지 반$\ast$역사적이고 반$\ast$전설적인 흥미밖에 주지 못하는 이야기들일 때가 많았다. 그러나 독자가 그 경전에서 어떤 정

제1부 자연적 상관 관계

신, 즉 주의를 끌기 위해 가장 엉뚱해 보이는 우회적인 방법을 취할 뿐 아니라 스스로는 외부의 어떤 협력도 필요로 하지 않는 정신과 협력해야겠다는 긴급하고도 강렬한 소명을 느낄 때 이 책들은 전적으로 가치를 되찾게 되고 정열적으로 읽힐 수 있다.

쓰여진 것에 있어서 진실인 것은 말에 있어서도 진실이다. 다시 말해 중요한 것은 말해지지 않는다. 그리고 계시는 단지 간접적으로 이루어질 수밖에 없다. 왜냐하면 명료한 의미를 갖기 위해서, 계시는 그가 상대하는 정신의 협력을 절대적으로 필요로 하기 때문이다. 그래서 연설자들 역시 세속적이건 종교적이건 간에 대부분의 경우 논리 전개가 부족해서라기보다는 쓸데없는 과도함 때문에 자신들이 목표한 바를 망치게 된다. 바로 열 줄짜리 내용을 열 장짜리로 전개시키도록 연습시킨 지적 교육이 그렇게 만들어놓지 않았던가? 그들은 오히려 열 장 분량의 내용을 단 열 줄로 줄이는 작업을 해야 했다.

연설은 언제나 너무 길다. 나쁜 연사들을 자신이 알고 있는 것을 모두 말하는 사람과 자신이 무엇을 말하는지 모르는 사람 등 크게 두 그룹으로 나눌 수 있다. 둘 중에서는 후자가 차라리 낫다. 적어도 이들은 사람들을 당황하게 하고 깨우치게 할 수 있다. 마치 자신의 설교를 통해 아무도 예견하지 못했던 포르루아얄Port-Royal⁴²의 개혁을 가져오게 한 그 무식하고 게으른 수도승이 그랬던 것처럼.

불쑥 말을 꺼냈다가 갑자기 말문이 막혀버리는 사람은 자신이 단지 보잘것없는 전달자밖에 못 되는 훨씬 위대한 누군가를 대신해서 말하고 있다고 믿는 것이 당연하다.

『파르므의 수도원 la chartreuse de Parme』⁴³ 마지막 부분에서 대주교의 보좌 주교로 성직에 들어간 파브리스 델 동고가 설교를 시작하며 여위고 창백하고 초췌한 모습으로 사람들의 주의를 끌었을 때, 그는 분명 말보다 침묵에 의해 더 많은 감동을 불러일으켰다. 그 역시 언젠가는 클렐리아가 이 회중 가운데 있을 수 있을 거라는 생각에 얼마나 감동되었는지, 그때 당황해서 말문이 막혀버릴 것에 대비해 그는 미리 '부드럽고도 열정적인 기도문'을 적어 언제나 설교단 의자 위에 놓아두었다.

클렐리아와의 마지막 만남 이후 십사 개월하고도 팔 일이 지난 후, 그토록 두려워하면서도 원했던 사건이 일어났다. 어느 월요일 그녀는 그의 설교를 들으러 생트 마리 드라 비지타시옹 성당에 왔다. 어찌나 눈물이 흘렀던지 그는 단

---

42 파리 근교에 있는 수도원으로 17세기 중반 예수회와 교리 논쟁을 일으킨 프랑스 얀센주의의 본거지가 되었다.
43 스탕달의 소설(1839).

한마디도 알아듣게 말할 수 없을 정도였다. 모두가 흐느꼈다. 파브리스는 겨우 마음을 가다듬은 다음, 이 세상에서 가장 가련한 남자를 자비롭게 지켜달라고 부탁하기 위해 자비의 성모 마리아에게 드리는 부드럽고 열정적인 기도를 간신히 들리게 말할 수 있었다. 이런 것이 바로 묵설법적 표현의 효과였다.

만약 모든 표현들이 정확해야 하기 때문에 말을 삼가야 한다면 모든 행동들은 효과적이 되기 위해서 얼마나 용의주도하게 계산되어야 하는가! 『페스트』에서 의사 리유가 너무나 보잘것없는 자원으로 자신을 도와주는 지원자들을 이끌고 질병과 대항해 한발 한발 싸워나갈 때, 그가 보여주는 것은 바로 인간의 깊은 지혜의 증거이다.

당신이 거둔 모든 승리는 단지 잠정적인 것일 뿐입니다, 사람들은 그에게 이렇게 반박한다. 그도 그 사실을 알고 있다. 언제나 마지막에는 죽음이 승리를 거두리라는 것을. 그러나 그는 좌절하지 않는다. 그는 먼 곳에 있는 더 좋은 것을 찾지 않는다. 그는 병원을 세우는 대신 우선 자기 방을 가난한 이와 나누어 쓰는 파스칼의 방식대로 가까이 있는 선을 추구한다.

더 좋은 것은 선의 적이다. 아주 사소한 결정을 실행할 경우에도 그렇다. 만약 술을 마시거나 담배를 피우는 습관을

버리고자 한다면 우선 그 중간 단계로 쓰일 수단을 찾아야 한다. 그것은 아마도 그 결심을 시행할 날짜나 여행 혹은 상황의 변화 등이 될 것이다. 물론 그 결정을 당장 실행에 옮기는 것이 최선이다. 그러나 이는 불가능하다. 그 결정이 뿌리내릴 수 있는 토양을, 그리고 그것이 뻗어나갈 수 있는 버팀대를 먼저 마련해야 한다.

인간의 나약함을 힘으로 변형시키는 것은 바로 이 간접적인 것들의 총체이다. 새해를 맞아 새로운 결심을 하고 5개년 계획을 세우는 것에는 이런 의미 말고는 별다른 의미가 없다. 우리는 가증스러워 보이는 규율을 지키고 또 숭배의 대상으로 수령들을 떠받드는 집단에 가입했다고 해서 결코 **선험적**으로 이들을 처단해서는 안 된다. 성화 숭배에 그럴 만한 필요성이 있었던 것처럼 여기에도 그럴 만한 필요성이 있는 것이다.

이와 같은 상징적 예들 속에서, 우리는 만약 어떤 진보적인 일이 실현되었다면 그것은 묵설법적 표현에 의해서 혹은 우선 하기 쉬운 행동에 의해서 **덜 나쁜 것** 쪽으로 이루어졌다는 사실을 강조하고 있다. **더 좋은 것** 쪽으로 이루어진 것이 아니다. 인간이 할 수 있는 것은 오로지 수정하는 것뿐이다.

더러는 그것이 단지 어휘의 문제이며 **덜 나쁜 것**이 **더 좋은 것**과 같다고 주장할지도 모른다. 나는 단연코 그렇지 않다고 부정하고 싶다. 이는 마치 사형수에게 자신이 죽는 방법을 선택하는 것이 더 좋은 것이라고 말하는 것과 같다. 그것은 단지 조금 덜 나쁜 것일 뿐이다. 이에 대해 숙고할 경우 (다행스럽게도 인간은 숙고하지 않는다) 인간의 상황은 너무나 심각해지기 때문에, 사르트르가 적절히 말했듯이 그 상황은 진지하게 다루어질 가치가 없으며 비극적으로 다루어져야 한다. 그것은 전부이거나 혹은 아무것도 아니다. 따라서 그것이 전부가 아니라면 그것은 아무것도 아닌 것이다.

'진정한 선'에는 등급이 없다. 스토아 학파 학자들이 지적했듯이 사람은 바다 한복판에서 익사하는 것과 마찬가지로 강가 얕은 곳에서도 익사할 수 있다. 상식적이지 않은 모든 진실에 대해 그렇게 말하듯이 사람들은 이를 역설이라고 한다.

역설이건 아니건 이런 생각을 불러일으키고 또 지지하는 것은 절망이라는 감정이다. 즉 인간에게는 더 좋은 것에 대한 개념이 있지만 단지 그 위조품만을 실현시킬 수 있을 뿐이다. 그는 가짜 동전을 주조함으로써 본의 아니게 진짜에게 경의를 표한다. 또한 우리의 논제란 완벽이 존재한다는 사실을 부정하기는커녕 도리어 그 존재에 대한 필연적 귀결이 될 뿐이다. '최적'과 '더 좋은' 것, 또 '최대'와 '더 큰' 것을 구별하자. 인간은 **최적**에 대한 개념을 갖고 있으며 인간으로 하여금 **더 좋은 것**을 실현하게 자극하는 것 또한 바로 이 개념이다. 그런데 불행히도 인간은 **더 좋은 것**을 **최적의 것**으로 보고 만다. 최상급이 인간에게 도달할 수 없는 것이 되는 순간부터 비교급은 의미를 잃게 된다.

완벽과 좀더 가까운 곳에 '최악'을 원할 정도로 방황하는 인간, 즉 반항인이 있다. 그가 랭보이든 레르몬토프Lermontov[44]나 바이런 혹은 스타브로긴[45]이건, 그는 이미 저 높은 곳의 빛을 보았기 때문에, 그 후로는 더 이상 지상에 있는 자기 감옥의 창문을 넓히려는 덧없는 야망은 품을 수 없게 되었다.

산초 판차는 더 좋은 것이란 선의 적이며 인간은 자신이 지니고 있는 것에 만족해야 한다는 사실을 그의 주인에게 끊임없이 상기시키고 있다. 따라서 우리의 관점에서 보면 옳아야 할 산초 판차의 비난은 결국 잘못된 것처럼 보인다. 돈키호테는 더 좋은 것을 추구하지 않는다. 그는 단지 완벽함, 도저히 불가능한 그 완벽함을 추구할 따름이다. 그는 산초 판차보다 더 효과적인 방식으로 지상에서 실현할 수 있는 이상

---

[44] 러시아의 시인이자 소설가(1814~41)로 바이런의 영향을 많이 받은 낭만주의자였다.
[45] 도스토예프스키의 소설 『악령』의 주인공으로 이지적인 허무와 추하고 괴이한 감각적 기쁨과의 상극 속에서 찢겨진 비극적 인물이다.

이라는 개념을 파괴한다.

 더 좋은 것이란 사실상 반대되는 두 방향, 곧 현실과 피안이라는 두 방향에서 공격을 받을 수 있다. 죄수들의 과거를 전혀 고려하지 않은 채 그들을 풀어주는 자의 숭고한 광기와 언제나 변함없이 한 영역에 충실한 자의 농부 같은 지혜, 이들은 서로 대적하는 두 힘이다. 그런데 부조리에 의한 추론이 직접적인 증명보다 우세하듯 광기는 지혜보다 우세하다.

 돈키호테의 예는 자신의 상황을 의식하고 있는 인간의 유일한 임무란 주어진 선에 머무르는 것 말고는 다른 것을 추구하지 않는 데 있다는 것을 더더욱 잘 보여주고 있다. 이 선은 그 옆에, 바로 그의 마을에 있었다. 그것은 바로 둘시네아 델 토보소[46]이다. **더 좋은 것**이란 없다. 단지 모든 사람의 손이 닿을 곳에 있는 이 **선**이 있을 뿐이다. 인간은 때때로 이 사실을 인정하게 되는 데 평생을 보낸다. 그러나 이 진실을 너무 빨리 이해해버리고 나면 그것이 하나의 결과가 됨으로써 비로소 얻게 되는 그 자체의 고유한 가치를 잃고 만다.

 힘들게 산을 올라 피곤을 느끼며 낯선 세계로 들어간 다음에야 어느 수도원* 구석진 곳에 숨어 있는 보잘것없는 작

---

[46] 토보 시에 사는 시골뜨기 처녀로, 돈키호테가 이상형으로 삼는 마음의 연인이자 만인의 여왕으로 내세우는 인물이다.

은 뜰을 발견하게 되는 것이다. 그런데 이 여행자는 그의 관심을 끌 만한 무엇인가를 보았던가? 다락방 쪽으로 작은 창문 몇 개가 뚫린 석회가 일어나고 있는 담벽들, 서로 모서리를 이룬 두 담벼락 밑에서 피어나고 있는 흰빛과 보랏빛 무꽃들, 보잘것없는 노란 마거리트 덤불들, 그리고 수선화 화단과 작고 붉은 장미 덤불 두 개 말고는 아무것도 없다.

어린 시절 그가 어른들로부터 멀리 떨어져 혼자서 식물 세계가 불러일으키는 이 무언의 황홀감에 빠져 꿈꾸러 가곤 했던 곳이 바로 거기였다. 그가 오랫동안 낯선 곳에서 헤매었던 시간이 결코 쓸모없었던 것은 아니다. 그 오랜 방황이 마치 손으로 끌고 오듯이 그를 이 순간으로, 유일하게 의미 있는 이 순간으로 데려왔기 때문이다.

이 원초적인 선에 시선을 고정시켜놓는 것만으로도 충분히(그러나 어떻게 그러한 인내심을 가질 수 있을 것인가? 오로지 시인과 신비주의자 들만이 그것을 갖고 있다) 그 선의 변신을 지켜볼 수 있다. 더 좋게 바뀌지는 않을 것이다. 그러나 나의 변함없는 관심은 언제나 같은 것이더라도 그것을 변형시키고 알아볼 수 없게 만든다. 이는 마치 수학자가 계산하는 등식에서 발생하는 것과도 같다.

* 시나이 산 꼭대기에 있는 성 카트린느 Saint-Catherine 수도원을 말한다.

'사랑'이라는 그처럼 혼돈된 이름이 아마도 정확하게 적용되는 것은 바로 마음에서 우러나는 이러한 관심, 그리고 과일이 무르익는 것을 지켜보는 자의 이러한 정성에 대해서일 것이다. 그리하여 선으로부터 더 좋은 것을 **실현시키는 것**이 본질적으로 **불가능한** 인간으로 하여금, 그럼에도 불구하고 선 속에서 점점 더 흥미로워지는 무언가를 무한정 **발견해내는 것**을, 그리고 그 스스로 선하게 되는 것을 **가능하게** 만드는 것을 또한 사랑이라 부를 것이다.

제1부의 결론

　제1부에서는 선악의 문제란 단지 인간이 무엇이 선이며 무엇이 악인지를 확실히 안다고 믿는 한에서만, 그리고 인간이 선악을 서로 분리시킬 수 있고, 선악의 원인이 될 수 있으며, 또 그 등급들을 규정하고 악에서 선으로 진화를 유도할 수 있다고 믿는 한에서만 제기될 수 있다고 결론내린다.

　우리는 이제까지 다음과 같은 사실을 제시하고자 했다. 선과 악은 서로 분리할 수 없으며, 그들을 함께 받아들이거나(1장) 아니면 함께 거부하는 것이 옳다는 것(2장), 그리고 인간은 선악의 부분적인 행위자일 뿐이며(3장), 어느 것이 더 좋고 더 나쁜지를 인간이 규정할 수 없다는 것(4장), 인간은 선악을 규정하는 문제에 있어서는 무력하다는 것이다(4장).

　우리는 이러한 판단에서부터 이론적이고 실제적인 이중 결론을 이끌어내고자 한다.

　우선 우리는 선악에 관한 이 모든 것 가운데 많은 부분에 대해 잘 알지 못하므로 그 내용을 함부로 판단하는 것을 삼가야 한다. 이로부터 전반적인 겸손의 감정이 생겨날 수 있으며, 이는 정신이 실행하는 모든 것에 영향을 미칠 것이다. 그리하여 우리는 스피노자의 향수에 젖은 이상理想에 접근하게 된다.

> 만일 인간이 자유롭게 태어난다면 그들은 자신이 자유로울 수 있는 한 좋고 나쁜 것이라는 그 어떤 개념도 형성하지 않을 것이다.(『윤리학』)

이는 분명 정신이 보편적인 결정론에서 벗어나게 되면 될수록 그가 더욱더 그 결정론을 확인할 수 있다는 것을 의미한다. 이른바 서로 반대된다고 하는 사실들은 사실상 상관적인 것들이다.

모든 사람들은 아름다움의 개념과 그것에 의해 아름답지 않은 것의 개념을 갖고 있다. 모든 인간들은 좋은 것의 개념과 또 그것에 의해 좋지 않은 것의 개념을 갖고 있다. 그리하여 존재와 무, 어려운 것과 쉬운 것, 긴 것과 짧은 것, 높은 것과 낮은 것, 음과 색, 앞과 뒤라는 개념이 생긴다. 이들은 이미 알려진 한 개념이 다른 개념을 드러내주는, 서로 상관적인 개념들이다.(『노자』)

　선과 악은 단순히 상관적인 것만이 아니라, 굳이 인과 관계를 전혀 내포하지 않는 용어를 쓰자면 '연속적'인 것들이다. 소크라테스는 감옥 속에서 그의 제자들에게 기쁨과 고통이 평생 동안 끊임없이 계속된다는 것을 깨닫게 했다. 좀더 일반적으로 볼 때 이는 선과 악의 경우에 있어서도 마찬가지이다. 어떤 사건을 좋거나 나쁘다고 **선험적**으로 규정한다는 것은 인간에게는 불가능한 일이다. 한 사건의 결과는 그 사건 자체와는 정반대일 수 있기 때문이다.

　한 철학자는 다리를 못 쓰게 된 아들을 둔 농부에 대해 이야기한다. 그 농부의 이웃들은 그의 불운을 동정했다. 이에 농부는 "누가 이걸 불운이라 합디까?"라고 대답했다. 사실 그의 아들은 불구자가 되었기 때문에 그해 일어난 전쟁에 나가지 않아도 되었다. 이웃들은 그의 행운을 축하했다. 이에 농부는 "누가 이걸 행운이라 합디까?"라고 대답했다. 이번엔 불이 나서 추수한 곡식이 모두 불타고 있어도 아버지는 너무 늙었고 아들은 불구라서 손을 쓸 수 없는 상황이 벌어졌다. "이 무슨 불운인가"라는 이웃들의 말에 농부는 "누가 이걸 불운이라 합디까?"라고 대답했다. 그때 적군이 들이닥쳐 그 집에 빼앗을 것이 아무것도 없는 것을 보고 그냥 지나

쳐버렸다. 덕분에 식구들이 모두 살아남을 수 있었다.

이러한 연속성이 아니라 동시성을 고려할 때도 똑같은 추론이 이루어질 수 있다. 상황이 저마다 불평등하게 주어져 있다는 사실은 우리가 선과 악의 상대성을 이해하게 한다. 우리를 불행하게 만드는 것이 누군가를 행복하게 할 것이며 그 반대도 마찬가지이다. 우리 스스로의 행복에 가장 유리한 관점을 선택하는 것, 예를 들어 우리에 비해 운이 없는 것 같은 사람들을 바라보는 것, 이 선택은 우리에게 달려 있다.

사실 모든 단계에 있어서 가치들은 서로 중복되고, 이들은 단지 비교할 때만이 현실성을 갖게 된다. 그리하여 동일한 하나의 존재가 임의적인 결정에 따라 상위 또는 하위에 놓이게 된다. 스토아 학파 철학자들 같은 위대한 도덕가들이 우리에게 의지하라고 충고하는 것은 바로 이 임의적인 결정이다.

여기서 우리는 모든 가치는 주관적이며 오직 평가 기준에 달려 있다고 보는 주장 쪽으로 기울어지는 듯하다. 그러나 우리는 이 문제를 철저하게 다룰 만한 처지가 아닌 것 같다. 게다가 그것은 별로 중요한 문제도 아니다. 선과 악이 동양에서 말하는 **음·양**처럼 객관적인 현실성을 갖는다 해도, 그리고 이들이 이 '우주' 균형의 양극점이라 해도 결론은 마찬가지일 것이다. 스토아 학파에서 보면 사물의 원리가 **그 어**

느 것도 아닌 것과 같이, 동양의 음·양의 객관적 현실성을 인정할 경우 그 원리는 **양자 가운데 하나**가 될 것이다.

결국 이 두 경우 모두에 있어 행위는 무용할 것이다. 아니면 결과가 의미 없는 것으로 간주될 경우에만 그 행위가 받아들여질 수 있을 것이다. 이 개념은 단지 고전적인 서양의 전통 속에서만 역설적이다. 행위에서 위세를 제거하고 그 효율성에 초연해지는 것, 우리 눈에는 이게 바로 언어 도단 아닌가? 그러나 그것은 또한 위대한 전통의 가르침 아니었던가?

행위 가운데서 무위無爲를, 무위 가운데서 행위를 볼 줄 아는 자, 이는 모든 인간들 가운데 현자이다. 행위의 결실에 무심하고 항상 만족하며, 모든 집착으로부터 자유로우며, 아무리 분주하다 해도 실상 그는 아무것도 행하지 않는다.(『바가바드기타』)

그리고 노자는 우리가 위에서 이미 인용한 구절에서 다음과 같이 결론짓는다.

그렇기 때문에 '현자'는 행동하지 않고 남을 도우며, 말하지 않고 가르친다. 그는 모든 존재들로 하여금 스스로 형성되도록 그들을 거스르지 않으며, 스스로 살도록 그들을 독점하지 않으며, 스스로 행동하도록 그들을 경영하지 않고 내버려둔다.

제2부
종교적 정당화

> 악의 문제는 인간의 감수성을 고려하지 않는
> 합리적 설명에 의해서도, 또 사물의 본질을 고려하지 않는
> 종교적 설명에 의해서도 밝혀지지 않고 있다.
> 이 두 해결책은 하나는 부족함으로 인해
> 다른 하나는 과도함으로 인해 과오를 범하고 있다.
> 만약 악이 사물의 본질에서 유래하므로 필수적이라면
> 더 이상 참된 고통도 참된 죄의식도 없게 된다.
> 하지만 이 고통과 죄의식이 비록 헛된 것이라 할지라도
> 우리는 이들을 소홀히 할 수가 없다.

초월적 정의 1

I

이제까지 선과 악은 '영원의 관점에서', 그리고 오직 이성의 조명 아래 고찰되어왔다. 그런데 이 선과 악은 이와는 다르게 파악될 수 있을 뿐 아니라, 거의 언제나 그리고 거의 모든 사람들에 의해 바로 그렇게 되고 있다. 그렇다면 선과 악은 그런 각도에서도 **마찬가지로** 고찰되어야 하는가? 그래야 한다면 그 이유는?

우선 기독교적 관점이 있다. 이는 역사적 드라마의 관점이다. 그 누구도 조셉 드 메스트르Joseph de Maistre[1]보다 더 명확하게, 그리고 더 극단적으로 이 관점을 설명하지는 못했다. 물론 그를 기독교적 해석의 공인된 해설자라고 말할 수는 없으며, 오히려 그것과는 거리가 멀다고 할 수 있다. 그러나 그가 숙고해볼 만한 하나의 체계를 엮어냈다고 인정하

---

[1] 프랑스의 정치가 겸 작가, 철학자(1753~1821). 프랑스의 전통주의를 대표하는 사상가로, 프랑스 혁명에 반대해 절대 왕정과 교황의 지상권을 주장했다.

는 것은, 바로 그가 이 해석의 특징들을 강조하고 때로는 그것을 변형시키고 있기 때문이다. 극단적인 주장들은 평범한 것보다 문제를 더 명료하게 드러내준다.

첫 번째 제기되는 질문은 합리적인 관점과 종교적인 관점에 공통되는 것이다. 즉 어느 정도의 악 없이는 선이 존재할 수 없으므로, 어느 정도까지 악은 피할 수 있는 것일까? 신앙에 있어서 선과 악은 분명히 현실이며 환상이 아니다. 그러나 이러한 관점의 차이가 이 문제에 어떠한 변화도 가져다주지 않는다는 것은 이미 말한 바 있다. 즉 이들이 현실이든 아니든 선이란 것은 악 없이 존재할 수 있을까?

만약 전능한 신이 절대적인 자유를 누린다면 그렇게 될 수 있을 것이며 또 그렇게 되어야 마땅할 것이다. 선악의 피안에 자리함으로써 신은 그의 행위들이 나중에(단지 나중에) 좋거나 나쁘다고 평가될 수 있도록 행동할 수 있다. 그리고 선과 악이 그에게 어떤 의미를 가진다고 가정한다면, 그는 자신에 의해서 창조된 이 세상에서 악이 행해지는 것을 막을 수 있을 것이다.

이것이 바로 우리가 믿고 싶어하는 신이다. 즉 기적을 일으키는 자, 여호수아를 위해 태양의 운행을 멈추었듯 우리를 위해 시간의 흐름을 **멈출 수** 있는, 혹은 파혼한 약혼녀가 자신에게 되돌아오기를 염원한 키에르케고르를 위해서처럼 이

흐름을 **되돌릴 수** 있는, 아니면 매 순간들의 연속을 **해체해**
그것들을 단 한순간으로, 즉 수많은 신비주의자들이 그랬듯
이 인간에게 있어 지고한 영원에 해당될 한순간으로 녹여버
릴 수 있는 자 말이다.

신은 또한 불구자가 걷도록 하고 맹인이 눈뜨도록 해야
하며, 한 걸음 더 나아가 죽은 자가 다시 살아나게 하고 죽음
에 임박한 자가 죽지 않게 해야 할 것이다.

레옹 체스토프Léon Chestov[2]는 가장 위대한 기적들을 이
룰 수 있는 이러한 신을, 즉 숭고한 광기가 무미 건조한 이
성과 아무런 상관이 없는 것과 마찬가지로 아테네의 신들과
는 아무런 상관이 없는 이 '예루살렘의 신'을 성서 전권을
통해 추적했다. 이는 시에나의 성녀 카트린느Catherine[3]가 정
치적 이유로 사형 선고를 받은 니콜라 튈도Nicola Tuldo의 구
원을 청하면서 불러냈던 바로 그 신이다.

그녀는 모든 종교적 구원을 거부하던 이 사내가 그에게
주어지는 은총인 이 구원을 받아들이고 거기에 더해 마음의
평화도 얻기를 원했다. 마지막 순간 그녀는 엄숙하게 신에게

---

[2] 러시아의 작가, 철학자(1866~1938). 도스토예프스키, 니체, 키에르케고르 등의 영향을 많이 받은 그는 이성의 명백한 진리에 반대하고 종교적인 비합리주의를 주장했으며 기독교적 실존주의의 선구자였다.
[3] 이탈리아의 기독교 신비주의자(1347~80)로 하나님의 사랑을 역설했다.

간청한다. '신의 숭고한 자비에 시선을 붙박아놓은 채' 두 손으로 사형수의 머리를 받들면서 그녀는 "원합니다"라고 말한다. 그러자 신은 이 청에 따라 사형수의 피와 영혼을 긍휼함으로 가득 차 활짝 열려진 자신의 곁에 받아들이셨다. 성녀 카트린느는 덧붙인다.

"아, 난 얼마나 불행한가! 말이 필요없지. 천상을 그토록 부러워하는 내가 아직도 이 지상에 남겨져 있다니……."

* * *

신의 본질에 대한 문제를 심사숙고하기 시작할 때 심장의 약동은 갑작스레 멈춰 서게 된다. 신이 전능하다 할지라도 신은 모든 것을 원할 수도, 또 아무것이나 원할 수도 없다. 그의 능력은 그의 예지에 의해 균형을 이루고 있다. 그렇지 않다면 신은 변덕스런 폭군이나 다름없을 것이다.

모든 신학자들은, 신은 스스로 이 세상에 준 일반적 법칙들을 통해 지성으로 파악할 수 있는 세상을 창조했으므로 신이 스스로를 부인하지 않기 위해서는 이 법칙들을 파기하지 않을 의무가 있다는 사실을 드러내 보이려 했다. 따라서 신은 그 스스로에 의해 한계가 지어져 있다. 게다가 기적이란 그것이 예외일 때에만 기적이 될 수 있다는 한계를 갖고 있다.

17세기 사람들은 신의 영광은 신의 개입으로 발생한 아주 다행스런 우연적 사건들에 의해서보다 자연 법칙에 대한 확신과 그 보편성에 의해 훨씬 더 잘 이루어진다고 생각했다. 만약 그 법칙이 보편적인 것이라면 이는 당연히 모든 개인들에게 적용된다. 어느 누구도 그 법칙 덕분에 있을 수 있는 이익에 놀라지 않듯이 그 법칙이 낳는 치명적 결과들을 겪어야 한다는 사실에도 놀라서는 안 된다. 그러므로 그 법칙은 공정하다.

세네카Senèque[4]와 드 메스트르는 "공정한 법칙이란 모두에게 영향을 미치는 것이 결코 아니라 모두를 위해서 만들어진 것을 말한다. 몇몇 개인에게 미치게 되는 영향이란 단지 우연적인 사건에 불과하다"는 주장에서 의견의 일치를 보고 있다. 사실상 "선과 악은 모든 인간들에게 일률적으로 배분된다" "어느 선한 사람이 전쟁터에서 죽었다면 이는 불공평한 것인가?" 또는 "선한 사람은 **선하므로** 고통받지 않으며, 악한은 **악하므로** 복을 받지 못한다" 등등의 문제를 고찰해 볼 수 있다.

이러한 고찰들은 스토아 철학과 기독교에 공통되는데 (비록 그 교리들은 전혀 다르지만) 이는 이 문제들이 거대한

---

[4] 로마의 정치가이자 작가이며 철학자(B.C. 4~A.D. 65).

'총체'를 겨냥하고 있기 때문이다.

조셉 드 메스트르는 바로 그의 첫 번째 담화에서, 상트페테르부르크 운하 위에 오케스트라를 싣고 떠 있는 배 한 척을 묘사하면서 그 광경에 감탄하고 있다.

각 악기들이 자신이 무얼 하고 있는지 안다고 해도 이 연주곡과 무슨 상관이 있나? 이삼십 명의 자동 인형들은 함께 움직이면서 그들 각자와는 무관한 하나의 사상을 창출해내고 있다. 각 개인 속에는 맹목적인 메커니즘이 있을 뿐이며 교묘한 계산이나 장엄한 조화는 총체 속에 있다.

이러한 결론들은 간접적으로 이 시론時論 제1부의 결론, 즉 악은 피할 수 없다는 사실로 우리를 이끌고 있다. 그런데 이번에는 이 악이 단지 우주의 구조 **때문**만이 아니라(조르주 바타유는 『저주받은 부분 la Part maudite』에서 죽음에 관해 다음과 같이 아주 잘 설명하고 있다. "우리는 참으로 어처구니없게도 그것 없이는 우리가 존재하지 못했을 바로 그 죽음을 저주하고 있다") 우주 '창조주'의 선의善意에도 **불구하고** 불가피하다는 것이다. 라이프니츠가 형이상학적이라 표현하는 이 악은 신이 조금도 원했던 것이 아니라 도리어 그에게 부과된 것이다.

* * *

토마스 아퀴나스Thomas Aquinas5의 견해로는 사실상 모든 존재들 속에 악이 있으며(즉 그는 악의 존재를 부인하지 않고 있다), 이 우주의 완벽함은 갖가지 선의가 실현되기 위해서 각 존재들 안에 어떤 불평등이 존재하기를 요구하고 있기 때문에 악이 불가피하다는 것이다. 그러므로 잘못을 저지르지 않는 자들이 있다면 그들 곁에는 잘못을 저지르는 자들이 있어야 한다(또한 전자는 부패하지 않는 자들이며 후자는 부패하기 쉬운 자들이다).

게다가 신이 어떤 악도 허락하지 않는다면 수많은 선들이 사라져버릴 것이다. 왜냐하면 공기에 불순물이 전혀 섞여 있지 않다면 불이 존재할 수 없을 테며, 당나귀를 죽이지 않고서는 사자가 자신의 생명을 유지할 수 없을 테니까. 그리고 박해가 없다면 복수한 자의 정의로움도 희생자의 인내심도 찬양할 수 없을 것이다.*

더군다나 모든 악들은 두 개의 범주로 나눌 수 있다. 이

---

5 이탈리아의 신학자이자 철학자(1228~74).
* 토마스 아퀴나스, 『신학대전 Summa Theologiae』 1권.

는 고통의 악과 과오의 악으로, 후자는 전자보다 더 심각하다. 고통은 문제가 된 행위자 그 자신을 해친다. 하지만 과오는 행위자를 그의 행위 속에서 해치는 것으로, 특히 이 과오는 행위자를 나쁜 사람으로 만든다. 그러므로 "벌을 받는다는 것은 악이 아니며, 고통을 받을 만하게 되는 것이 악이다."(드니Denys[6])

가장 심각한 악은 의도적인 악이다. 나쁜 의도를 가진 자는 자신이 지닌 선조차 나쁘게 사용할 수 있다. 편견이 있는 문법학자가 부정확하게 말하는 경우를 이런 예로 들 수 있다(이 점에서 토마스 아퀴나스는 칸트와 의견 일치를 보고 있다). 과오는 의도가 과도하게 행해진 행위 속에 있는 반면, 고통은 의도가 행사하는 것들 가운데 하나가 부족하다는 데 있다.

어쨌든 다음 두 가지 사실은 분명하다.

i) 악은 존재한다.
ii) 악은 그 원인으로서 선을 갖는다.

---

[6] A.D. 2, 3, 5세기에 이름이 같은 주교와 교황이 있었으나, 교리상의 많은 편지들을 쓴 알렉산드리아 주교인 3세기의 '대大 드니Denys le Grand'일 것으로 추정된다.

왜냐하면 악이란 자연이 요구하고 있는, 그리고 존재해야 할 어떤 선이 없는 상태이다. 그런데 한 존재가 그의 본성에 적합하며 또 당연히 가져야 할 상태를 갖지 못할 때, 그것은 그를 이 상태 밖으로 몰아낸 한 가지 원인에서만 유래할 수 있다. 그런데 선만이 원인이 될 수 있다. 왜냐하면 원인이 되기 위해서는 존재해야 하기 때문이다. 그리고 존재한다고 간주되는 모든 존재는 선한 것이기 때문이다.*

이렇게 존재와 선을 동등하게 놓는 것은 최초의 원인인 신이 악의 원인이 될 수 없게 한다. 왜냐하면 악의 원인이란 제2의 원인일 수밖에 없으므로. 이렇게 해서 완벽은 최초의 원인에서, 결함은 두 번째 원인에서 나오게 된다.

그리하여 절름발이의 걸음걸이에서 모든 움직임은 운동 기능으로부터 나온다. 그러나 절뚝거림 그 자체는 짧은 다리에서 오는 것이지 운동 기능에서 오는 것이 아니다. 마찬가지로 나쁜 행위 속에 있는 모든 존재와 행동의 원인은 신에게 귀결된다. 그러나 결함은 문제가 있는 제2

* 『신학대전』 1권.

의 원인으로부터 기인하는 것이지 신으로부터 기인하는 것이 아니다.*

그러므로 악은 그 원인으로서 선을 가진다 해도 소용없다. 그 선은 원초적인 '선'이 될 수 없다. 그 악 역시 최고의 악은 아니다. 언제나 모든 존재 속에는 작은 조각으로 된 선이 남아 있으므로 선이 지속적으로 감소된다 해도 절대적인 악은 없다.

아리스토텔레스가 말하기를 절대적인 악이 있다면 존재하기 위한 이유가 없는 고로 스스로 파괴될 것이라고 했다. 악은 그 자체에 의해서가 아니라 우연적으로만 원인이 될 수 있다. 그리고 구체적인 원인이 아닌 보편적인 원인을 고찰할 때 우리는 그 점을 제대로 보게 된다. 비록 어떤 사물이 또다른 사물에 해가 된다 해도 그 사물의 본질이 반드시 나쁜 것만은 아니다.

이는 마치 불이 가난한 사람의 오두막을 태웠기 때문에 불의 본질이 나쁘다고 말하는 것과 같다.**

* 『신학대전』1권.
** 『신학대전』1권.

물리적 악의 경우도 마찬가지이다. 이 경우 악은 창조주에게보다 오히려 피조물에게 부과된다. 악을 겪는 것은 피조물이지 창조주가 아니기 때문이다. 전설에 의하면 질병과 늙음, 죽음, 이 세 가지 악은 그 뜻밖의 비극적인 광경을 보여줌으로써 나중에 부처라 불리게 될 한 젊은 왕자의 새로운 명상과 소명을 결정짓게 했다 한다. 신은 이 세 악을 인간에게 면제할 수 없었다. 그러나 신은 그것과 아무 관련이 없다.

신은 인간을 가능한 한 최상의 조건에서, 인간에게 (인간적 본질이라는 개념 속에 포함된 것은 아니었던) '반反자연적praeter-naturels' 선물들, 바로 질병과 늙음, 죽음에서의 면제라는 선물들까지 주면서 창조했다. 그런데 인간의 본질이란 엄밀한 의미에서 그 자체 내에 이 불행들을 내포하고 있었다. 어떻게 태어난 것이 죽지 않을 수 있단 말인가? 불멸과 건강, 영원한 젊음이라는 선물들은 여분의 것이었다. 그 선물이 인간에게서 박탈되고 말았다면 그 잘못은 인간에게 있다.

신은 벌하는 악을 만들었지 더럽히는 악을 만들지는 않았다.*

* 『신학대전』 1권.

도덕적 악과 과오, 죄악의 경우에 있어서도 역시 신에게는 책임이 없다. 왜냐하면 그는 질서 있는 세계와 균형 잡힌 인간들을 창조했기 때문이다. 여기서도 역시 악의 근원이란 창조주에서 벗어난 피조물 속에 있는 것이다.

* * *

이 논증은 **선험적**으로 의심을 씻어버릴 필요가 없는 한 '절대적 존재'에 대한 모든 의심을 씻어버리는 것을 목적으로 하는데, 겉보기에 서로 모순되는 두 개념, 즉 한편으로는 전능하고 선한 신의 개념과 다른 한편으로는 실재하는 악의 개념, 이 두 개념을 주장할 때 우리가 처하게 되는 혼돈으로 설명된다.

만약 소치니 학파7들이 주장하듯이 신의 능력이 제한되어 있다면, 또는 마니교도들이 주장하듯이 신이 그와 똑같은 힘을 가진 적이 있다면 문제는 간단히 해결될 것이다. 혹은 악이 하나의 단순한 환상이라면, 아무리 이 세상의 현 상태가 보잘것없다고 판단된다 하더라도 신은 그의 선의를 저버리지도, 무능하게 보이지도 않을 것이다. 그러나 기독교는 이 두 모순되는 개념을 그 고유한 의미 속에 동시에 받아들

---

7 이탈리아 종교개혁자 소치니Socini가 만든 학파로 삼위일체설과 그리스도의 신성神性을 부인한다.

이며 그들의 대립을, 다시 말해 그들의 불가능한 종합을 '조금도' 해결해보려 하지 않는다.

II

우리가 위에서 '조금도'라고 말하게 될 때 우리는 기독교 사상이 스토아 철학에서, 그리고 일반적으로 이교도 사상에서 차용하고 있는 것들, 즉 위에서 이미 언급했듯이 기독교 사상으로 하여금 선의 상관적인 것으로서 악이 갖는 일종의 숙명주의를 인정하게 하는 것들을 무시하고 있다. 그러나 기독교의 신이 범신론의 신이 아니고 인격적인 존재이기 때문에 그 신 또한 완전히 책임이 없는 것은 아니다. 여기서 바로 조셉 드 메스트르의 교리에서 다시 보게 되는 일종의 동요가 생기는 것이다.

형이상학적인 악, 다시 말해 선이 갖는 자연적인 한계가 문제인가? 사실 신의 '예지'가 일반적 법칙들을 세웠는데 그 예지가 이 법칙들을 거스른다는 것은 부조리하다. 그러한 까닭에 악은 필수적이다.

그러나 이 필수성이 전적인 것은 아니다. 신에 의해 이루어진 자연 법칙들에는 **불변하는** 부분이 있으며, 그 한 예로 올리브나무를 시베리아가 아닌 프랑스 남부 프로방스 지방에서 자라게 하는 것을 들 수 있다. 그런데 그러한 자연 법칙 속에는 프로방스 지방의 올리브나무가 이번 겨울에는 얼지 않도록 하는 **유연성 있는** 부분 또한 있다. 그러므로 기도를 드리는 것이 가능하며 필수적이기도 하다. 그리고 또한 "이 세상에 내리는 전반적인 강수량이 있는 반면, 삼천三天 기도[8]에 의해 그 비를 구할 줄 알았던 자들을 위한 예외적인 비"도 있다.*

물리적인 악이 문제인가? 거기에는 피할 수 없는 부분과 피할 수 있는 부분이 있다. 『카라마조프가의 형제들』과 그의 작품 도처에서 도스토예프스키는 수많은 질문을 던지고 있다. 또 그 이전에 이미 볼테르는 "아직 아무런 칭찬도 비난도 받을 수 없는 어린이들이 왜 어른들에게 가해질 수 있는 바로 그 악으로 인해 이 세상 도처에서 고통받고 있는가?"라는 질문을 던지고 있다. 볼테르의 마음을 그토록 뒤흔들어놓은, 어린이들의 고통 같은 피할 수 없는 악이 아무리 부당해 보인다 하더라도 거기에 분노하지 말자.

조셉 드 메스트르의 대답은 다음과 같다.

어느 정도 숫자의 아이들이 죽어야 한다는 것이 이미

---

8 가톨릭에서 말하는 그리스도 승천제 전에 사흘간 행해지는 예식.
* 조셉 드 메스트르, 『야회 *Soirées*』, 네 번째 담화.

정해져 있다면, 나는 어째서 그들에게 그 죽는 방법이 중요시되는지 모르겠다.

즉 여기서는 보편적인 법칙이 문제가 된다. 그러나 이 보편적 법칙은 동시에, 그리고 불가분의 관계로 우연적인 상황들의 결과로서 이루어진 개별적인 법령인 것이다. 이 사실은 다음 구절 속에서 동시에 말해지고 있다.

> 재앙은 우리를 **쳐부수기로** 예정되어 있다. 그런데 우리는 그럴 만하기 때문에 **쳐부수어지는** 것이다.*

그러므로 조셉 드 메스트르는 이 두 가지 설명, 즉 보편적 법칙이라는 설명과 받아 마땅한 재앙이라는 설명 사이에서 주저하고 있다. 그는 이 두 가지 설명 모두를 받아들이고, 이들을 양면을 지닌 단 하나로 혼동한다. 그러나 이 두 가지 설명 가운데 그가 더 좋아하는 것이 있는데, 그것은 바로 그가 도덕적 악에 대해 말하면서 지적한 점이다. 이 도덕적 악은 받아 마땅한 재앙의 근원에 있으며, 이 재앙은 보편적 법칙의 비밀이라는 것이다.

---

* 『야회』, 네 번째 담화.

선과 악은 낮과 밤처럼, 즉 『야회』의 한 대화자가 짐짓 가정하고자 하듯이 그렇게 일률적으로 이 세상에 배분된 것은 아니다. 악에는 밝혀낼 수 있는 원인이 있다.

천체의 운행이 악은 아니다. 반대로 그것은 하나의 지속적인 규칙이며 인류 전체에 속하는 하나의 선이다. 단지 징벌이 될 뿐인 악이 어떻게 필수적일 수 있을 것인가? 순결함이 그것을 예방할 수 있었으며, 기도가 그것을 멀리할 수 있다.*

모든 나쁜 것을 그의 악의에 의해, 즉 그의 자유 의사에 의해 이 세상에 끌어들인 것은 바로 인간이다.

모든 악, 혹은 좀더 명확하게 말하자면 모든 **고통**, 이는 현재 행하고 있는 죄악, 혹은 원초적인 죄악 때문에 부과된 하나의 형벌이다.**

모든 인간은 아담 속에서 죄를 지었으며, 각자 자기 자신의 자리에서 계속 죄를 짓고 있다. 구약의 「전도서」는 "이

---

* 『야회』, 네 번째 담화.
** 『야회』, 세 번째 담화.

지상에 정의로운 자는 아무도 없다"라고 정확하게 말하기도 했다.

조셉 드 메스트르는 '이차적'이라 부르는 또다른 범주의 원죄를 특기하기도 한다. 즉 '일차적인' 원죄는 태초의 인간 탓으로 돌릴 수 있다. 그러나 이차적인 것은 우리 조상 탓으로밖에는 돌릴 수 없는 것으로, 이 조상들은 자신들의 악덕의 결과 병에 걸렸으며, 그 병이 후손들에게 전해진다고 했다. 그래서 "어떠한 질병도 물질적인 원인을 가질 수 없을 것이다"*라고까지 말할 수 있게 된다.

이번에는 다른 극단으로 가보자. 더 이상 불굴의 보편적 법칙은 없으며, 오직 자유의 변덕스런 지배가 있을 뿐이다. 게다가 자유는 스스로가 파기한 것을 다시 회복시킬 수 있다. 기도는 유효하며 과오와 공덕 들은 전환될 수 있으니, 이는 인간들이 서로서로 연대 관계를 맺고 있기 때문이다. 그러나 조셉 드 메스트르는 어떻게 해서 자유로운 의지, 즉 인간의 의지가 신의 의지에 저항할 수 있는지, 좀더 단순하게 말해 어떻게 해서 인간의 의지가 신의 의지의 일부가 되는 절대적인 종속 관계 속에서 인간의 의지가 자유로울 수 있는지를 제대로 지적하지 않고 있다.

* 『야회』, 첫 번째 담화.

악의 생성에 있어 자유와 필연이 서로 복잡하게 얽혀 있다는 이러한 특징은 인류에게 가장 중대한 사건인 전쟁을 통해 더욱 강조된다.* 전쟁은 필수적이다. 그러나 교전국 가운데 그 어느 나라도 명백하게 원했던 것은 아니다. 또한 그 전쟁은 최고 통치자들이 자발적으로 선포한 것도 아니며, 그 결과는 미지수이고 성공도 예견할 수 없는 것이다. 사실상 전쟁이란 이 세계의 법칙이며, 그 앞에서 인간이 고개 숙여야만 하는 하나의 필연이다.

그런데 전쟁이 이 세계의 법칙이고, 또 세계는 신에 의해 창조되었다면 그것은 바로 신의 법칙이다. 그렇다면 이는 신적인 것이기에 단지 사물들의 본질에서 유래했을 때처럼 중성적인 것일 수 없으며 따라서 좋은 것이 되어버린다. 이 무슨 얼토당토않은 역설이란 말인가!

그런데 우리가 추론을 계속해나가다 제3의 결론에 이르게 되면 이는 더 이상 역설이 아니게 된다. 즉 전쟁은 사실상 인간의 자유가 악으로써 악용된 결과이며, 흐트러진 균형을 바로잡는 징벌일 경우에만 선이 될 수 있고 처방이나 속죄로 쓰일 수 있다는 것이다.

결국 이 모든 것을 행하는 것은 자유이다. 자유는 알파

---

* 『야회』, 일곱 번째 담화.

요, 오메가이다. 전투에 내려진 판결이 그러한 예를 보여주고 있다.

한 장군이 두 적진 사이로 뛰어들고서는 그의 왕에게 "제가 적을 갈라놓았으니 그들이 졌습니다"라고 썼다. 그런데 적군은 자기 왕에게 "그가 두 화염 사이로 뛰어들었으니 그가 졌습니다"라고 쓰고 있다. 이 둘 가운데 누가 틀렸는가? 차가운 죽음의 여신에게 잡혀가게 될 그는 과연 누구인가?*

조셉 드 메스트르가 옳다. 우리가 종교적 관점을 받아들인다면 우리는 자유의 측면을 분명하게 뛰어넘어야만 한다. 바로 자유로움 속에서 신이 이 세상을 창조했기 때문이다.

* * *

한 조상의 과오가 그의 후손들 모두에게 미친다는 견해는 언뜻 생각되는 것과는 달리 부조리한 것이 아니다. 그리고 오리게네스Origène[9]가 말한 것처럼(이 가정은 르누비에에

---

* 『야회』, 일곱 번째 담화.
[9] 알렉산드리아 학파의 대표적인 신학자(185~254)로 성경의 비유적 해석을 통해 기독교와 그리스 철학의 융합을 꾀했다.

제2부 종교적 정당화

의해 다시 이루어졌다), 이 지상에 과거에 살았거나 현재에 살고 있거나 미래에 살게 될 모든 인간들에게는 전생이 있었으며, 그 전생에 그들이 개인적으로 책임져야 할 과오들을 저질렀다고(이는 원죄를 현행의 죄로 변형시키게 될 것이다) 가정해보는 것은 무의미하다. 인간은 자신이 한 개인으로서 행동한다고 생각할 때에도 결코 그 자체로서 한 개인이 아니며, 그의 매 행위 속에서 자신이 종種을 대표하고 있다고 생각하는 것으로 충분하다.

또한 출발점이 무엇이건 간에 중요한 것은 도달점이다. 유산이 아무리 무겁다 해도 상관없는 일이며, 상속자는 그 유산을 사용하는 방식에 대해서만 책임지는 것으로 간주할 수 있다. 그리고 심판자는 이 한계점을 고려해야 한다.

III

그러므로 어찌 됐든 도덕적 유전은 설명될 수가 있다. 신이 전부요 인간은 거의 아무것도 아닌 교리 안에서 이 유전이 완전히 정당화될 수 있는가? 그것은 또다른 문제이다. 그런데 복음서는 이 부분적인 정당화를 인정조차 하지 않으려는 듯하다.[*]

예수께서 길 가실 때에 날 때부터 소경된 사람을 보신지라. 제자들이 물어 가로되, "랍비여, 이 사람이 소경으로 난 것이 뉘 죄로 인함이오니까? 자기이오니까? 그 부모이오니까?" 예수께서 대답하시되, "이 사람이나 그 부모가 죄를 범한 것이 아니라, 그에게서 하나님의 하시는 일을 나타내고자 하심이니라."

그리고 예수는 아주 위엄 있게 덧붙인다.

때가 아직 낮이매 나를 보내신 이의 일을 우리가 하여야 하리라. 밤이 오리니 그때는 아무도 일할 수 없느니라. 내가 세상에 있는 동안에는 세상의 빛이로다.

그러므로 질병은 치유와 동일한 과정의 한 부분을 이룬다. 자유와 책임은 여기서 어떤 역할도 하지 않는다. 또한 이것은 원작에 대해 책임지지 않을 뿐 아니라 원작을 바꿀 자유도 없는 배우의 역할과 같은 것이다. 소경에게 죄가 있는 것은 아니다.

그러나 바리새인들은 어떻게든 죄인을 찾아내고자 한다.

* 「요한복음」 9장 1~6절.

병에서 치유된 자가 죄인이 아니라면 그를 치유한 자가 죄인일 것이다. 그들은 예수가 안식일에 사람을 치료함으로써 율법을 지키지 않았다고 비난한다.

예수는 마침내(「요한복음」 9장 39~41절) 자신이 심판하러 왔다고 선언한다. 그러나 이는 어떤 종류의 심판인가? 악한 자들에게서 선한 자들을 갈라놓기 위한 심판인가? 아니다. 그것은 "보지 못하는 자들은 보게 하고, 보는 자들은 소경되게 하려 함"이다. 달리 말해 오만한 자들을 꼼짝 못하게 하고 겸손한 자들을 찬양하기 위한 것이다. 그런데 바리새인들이 그에게 "우리도 소경이 될 것인가?" 하고 물으니 예수가 그들에게 대답하길 "너희가 소경되었더라면 죄가 없으려니와, 본다고 하니 너희 죄가 그저 있느니라."

여기서도 우리가 자유로운 인과 관계에 호소한다는 것은 잘못이다. 중요한 것은 겸손이다. 이 설명은 신 중심이기 때문에 인간은 무엇보다 먼저 신 앞에 고개를 숙여야 하며 자신의 잘못보다는 자신의 나약한 점을 인정해야 한다.

욥은 좋은 쪽으로 생각하기 시작한다.

"우리가 행복을 하나님의 선물로 받아들인다면, 어찌 불행 또한 그렇게 받아들이지 않겠는가?"(「욥기」 2장 10절)

그리고 그는 자신이 죄인임을 인정하도록 강요하는 세 친구의 비난에 항거한다.

그에게는 죄가 없다. 비록 그에게 죄가 있다 한들 어떤 면에서 그 완벽한 신에게 상처를 줄 수 있단 말인가? 그러나 진정한 답은 신의 능력이 그토록 무한하며, 그의 예지의 길들이 그토록 이해할 수 없는 것이기에 인간으로서는 단지 침묵하며 신을 그의 의지 속에서 찬양해야 한다는 데 있다. 절대적인 권력은 절대적인 복종을 야기하기 마련이다.

따라서 이처럼 철학이나 신학에서 그 어떤 것도 차용하지 않는 종교적인 관점에서도 악의 존재는 전혀 줄어들지 않을 뿐 아니라 오히려 그 반대이다. 그러나 그 존재는 '정당화되지' 않는다. 그런데 바로 이것이 받아들일 만한 유일한 대답이다.*

---

* 이는 또한 파스칼의 관점이기도 하다. "하나님이시여, 제가 언제나 똑같은 복종의 정신으로 모든 일들을 받아들이도록 하소서. 우리는 우리가 무엇을 원해야 할지 모르고 또 자만심이 없이는, 그리고 바로 당신의 지혜가 나에게 숨기고자 했던 것들에 대해 스스로 판관이 되고 책임을 지지 않고서는 어떤 것도 다른 것보다 더 원할 수가 없기 때문입니다. 저는 단 한 가지 사실만을, 즉 당신을 따르는 것이 좋고 당신을 모욕하는 것이 나쁘다는 것만을 알고 있을 뿐입니다. 그 외에 저는 그 모든 것 가운데 무엇이 가장 좋고 무엇이 가장 나쁜지 알지 못합니다. 저는 무엇이 저에게 이로운지, 건강인지 질병인지 부인지 가난인지 알지 못하며, 이 세상 모든 것에 대해서도 알지 못합니다. 이를 분별하는 것은 인간과 천사의 힘을 초월하는 것이며, 제가 예배하는 당신 섭리의 비밀 속에 숨겨져 있는 것이요, 그래서 제가 깊이 파고들려 하지 않는 것입니다."(「질병의 선용善用을 구하기 위해 신에게 드리는 기도」 14)

내재적 정의 2

　　창조주이며 상賞을 주시는 신에 대한 믿음 속에도 악에 관해 석연치 않은 점이 하나 남게 되는데, 이는 무조건적인 신뢰의 행위에 의해서만 완전히 소멸될 수 있다. 전능한 신일지라도 모든 것을 할 수 없다든가, 자유롭게 창조된 인간이 자신의 자유를 악용할 수 있다고 이성적으로 주장해봐도 소용없으며, 관대하게 창조주를 받들고 피조물을 깎아내리려 해도 소용없다. 그래도 여전히 혼돈의 요소가 남게 되는데, 이것이 일소되기 위해서는 논리가 아닌 다른 방책들이 필요하다.

　　그러나 자유가 필연보다 선악의 존재를 더 잘 설명하고 있는 이러한 종교적 관점을 극단적으로 밀고 나가면서, 만약 이 자유가 **스스로** 선이나 악을 야기시킬 수 있다고 가정해본다면? 그때 우리는 창조주이며 동시에 심판관인 하나의 외적 요소를 생략하게 될 것이며, 신과 인간 사이의 이중성에서 생겨나는 어려움들을 근본적으로 제거하게 될 것이다.

그런데 이러한 사상은 업karman이라는 이름 아래 과거부터 지금까지 계속돼온 위대한 문명 인도의 사상이다. 인도학 학자들에 의하면 업이란 우선 『베다les Védas』에 규정된 대로 의식적인 행위를 의미한다. 그것은 또한 일반적인 활동, 그리고 존재를 생성하는 활동을 의미함으로써 그 어원을 정당화하게 된다('kr'는 그 본래 의미가 '행동하다'라는 뜻으로 여기서 '창조하다'라는 말이 나온다).

유럽의 스콜라 철학이 "행동하는 것은 존재하는 것을 전제로 한다"고 가르치는 데 반해, 인도 전통은 "행위가 존재하게 한다"고 주장한다. 이것이 바로 당시 유럽에 알려지기 시작했던 산스크리트 기록들 가운데 쇼펜하우어를 크게 놀라게 한 것들이다. 우리가 가장 이해하기 어려운 것은 업이라는 것이 서로 분리시킬 수 없는 하나의 물리적 법칙인 동시에 도덕적 법칙이며, 또 자연적 결정인 동시에 정당한 처벌이라는 점이다.

이 업에 대한 믿음은 사실상 **삼사라**samsâra, 즉 윤회에 대한 믿음과 연결되어 있다. 우리는 우리가 행하는 것이 되며, 우리의 행위는 우리들을 따라다니며 우리를 형성한다. 그리고 이 '우리'는 모든 생물체들을 의미한다고 보아야 한다. 이리하여 허무주의 학파의 불교 신도들 말대로라면 "책임 있는 한 영혼이 환생하여 나타난 살아 있는 존재로서의 공작은 과거에 이룬 공적으로 말미암아 그 아름다운 꼬리를 갖게 되었으며, 타인을 위해 창조된 무생물인 연꽃에 있어서 그 아름다운 색깔은 집단적인 익명의 행위들의 힘에서 기인한다"는 것이다.* 자, 이것이 바로 보편적인 설명이다.

그런데 우리는 출생이나 죽음과 같은 근본적인 단절이 있다고 믿기 때문에 이 설명을 인정하기가 어렵다. 그러나 시작과 종말의 문제를 제기하지 않고 윤회가 영원한 하나의 사슬이라고 생각하는 자들에게 이는 쉽게 이해된다. 그것은 보편적이며 가차없는 결정론이다. 그 어떤 것도 이 결정론에서 벗어날 수 없으며 모든 것이 다 주시를 받고 있다.

한 불교 경전이 이에 대해 아주 명확히 말하고 있는데, 박트리아Bactriane[10]의 (미린다라 불리는) 그리스 왕 메난드로스Ménandre[11]와 불교 승려 나가세나Nāgasena와의 대화가 그것이다. 왕은 승려에게 인간들을 구별하고 있는 차이가 왜 생기는지 묻는다.

---

* 『마디야마카바타라Madhyamakāvatāra』(중도中道를 주장하는 대승불교 한 학파의 경전으로 추정된다—옮긴이). 벨기에의 인도학자 라 발레 푸셍의 『불교 Bouddisme』에서 재인용.
10 현재 아프가니스탄 북부에 해당하는 고대 중앙아시아의 한 지방.
11 그리스인으로 박트리아 지방을 통치한 국왕(B.C. 160~140). 승려 나가세나와의 종교적·철학적 대화인 『미린다-판하Milinda-pañha』(미란다 왕문경王問經)로 유명하다.

"나가세나, 왜 인간은 모두 똑같지 않은 건가? 왜 누구는 오래 살고 누구는 일찍 죽게 되는가? 왜 누구는 튼튼하고 누구는 병약하며, 누구는 잘생겼고 누구는 못생겼는가? 왜 힘세거나 아니면 무력하고, 부자이거나 아니면 가난하고, 지체가 높거나 아니면 낮고, 똑똑하거나 아니면 바보인가?"

"위대한 왕이시여, 그렇다면 왜 모든 식물들이 똑같지 않은 건가요? 왜 종류마다 맛이 달라서 시큼하거나 짜거나 씁쓸하거나 시거나 달콤한가요?"

"그건 씨앗들이 다르기 때문이지 않을까?"

"마찬가지로 인간들도 각각의 행위들이 다르기 때문에 달라집니다. 한 복자福者가 다음과 같이 말했다고 합니다.

'모든 존재들은 유산으로서 그들의 업kamma을 갖는다. 그들은 그들 업의 상속자이며, 그 후손, 그 친척, 그 신하들이다. 인간을 우등한 자와 열등한 자로 나누는 것은 바로 이 업인 것이다.'"*

모든 **상태**가 어떤 **행위**의 결과이기 때문에, 내재적인 정

---

* 『미린다-판하』(kamma는 여기서 karman의 팔리pali어 형태). 루이 피노Louis Finot가 번역했다.

의가 이런 상태가 되는 것을 주관한다. 좋은 행위는 보상을, 나쁜 행위는 처벌을 받게 하며, 이를 위해 상벌 체제의 도움을 받을 필요도 없다. 상벌은 저절로 이루어지기 때문이다. 왜 어떤 사람들은 가난하게 태어나는가? 전생에 부를 낭비했기 때문이다. 왜 어떤 사람들은 똑똑하게 태어나는가? 전생에 지를 추구하고자 노력했기 때문이다 등등. 그러므로 각자는 자기 운명에 합당하게 태어나는 것이다. 그리고 '본성'이란 사실상 획득된 습관일 따름이다.

물론 부모들의 만남은 한 인간의 수태에는 필수적이다. 그러나 라 발레 푸셍이 말하기를, 이 수태에는 이미 어떤 육체에서 산 후에 다시 태어나기를 모색하는 한 인간의 존재가 언제나 전제되어 있다는 것이다.

과학적 의미에서 유전의 법칙이 존재하지만 이 유전은 보편적 결정론에서 볼 때 단지 이차적 역할만을 한다. 유전인자가 나쁠 때는 전생에서 획득된 기질들이 나타나는 것을 지연시킬 수 있다. 아무리 좋은 음료라도 독약과 섞이게 되면 써진다. 신앙이 없는 가정에서 다시 태어난 신앙인은 처음에는 마치 소경과도 같다. 그러나 진리의 설교를 듣게 되면 그는 곧 그것을 파악하게 된다. 유전, 그것만으로는 결코 카스트 제도를 정당화하기에 충분할 수 없었을 것이다.

『브라하다란냐까우파니샤드 *La Brhadaranyakopanisad*』는 본

질적인 것을 단 한마디로 압축해서 말하고 있다.

선을 행하는 자는 선하게, 악을 행하는 자는 악하게 다시 태어난다. 그 욕망에 그 의지가, 그 공적에 그 운명이 따르게 마련이다.*

* * *

자연 법칙과 도덕률과의 이러한 통합은 정의를 원하는 욕구뿐만 아니라 이해하려는 욕구도 만족시켜줌으로써 사람들을 열광시켜야 할 것이다. 그러나 불행하게도 우리는 이에 관해 몇 가지 비판할 점을 지적해야만 한다.

우선 이렇게 총괄적인 결정론은 유럽적 사고방식과는 공존할 수 없다. 사실 피타고라스와 오르페우스파 신비주의자들은 동양의 영향으로 윤회를 믿었는데, 이 영향은 그리스인들에게서 금방 사라졌다. 호머 이래 그리스인들은 삶과 죽음 사이에 근본적인 단절을 둔다. 그러므로 저승에서의 삶이 있다면 그것은 귀신의 것이다. 기독교에서는 내세에 대한 믿음과 함께 분해할 수 없는 동일한 한 인물의 불멸에 대한 믿음을 강화시킨다. 이보다 더 업의 법칙과 대조되는 것은 없다.

---

* 주로 정통 사상에서 업의 개념이 갖는 다양한 양상에 대해서는 올리비에 라콩브Olivier Lacombe의 『베단타에 의한 절대*l'Absolu selon le Vedânta*』 참조.

제2부 종교적 정당화 | 161

기독교인의 운명 역시 그의 행위에 따라 이를 심판하는 한 인격적 신에 달려 있다. 그러나 그 신은 은총을 베풀 수도 있고 이를 앗아가버릴 수도 있다.

'아무래도 좋다?'라고 말할 수도 있다. 하지만 하나의 교리에서 본질적인 것은 그것이 진실이어야 한다는 점이다. 우리는 '그 교리가 우리 마음에 드는가'가 아니라 그 교리가 우리를 설득할 수 있는가를 자문해야 한다. 그런데 업의 개념은 확신을 불러일으킨다.

이렇게 추론하는 것, 그것은 신앙의 본질을 무시하는 처사이다. 신앙이란 하나의 전통 속에 뿌리내릴 수 있을 때만 태어나 발전하는 것이다(비록 나중에 도리어 이 전통을 부정하게 될지라도). 신앙이란 하나의 정신적 환경을 전제로 한다. 즉 서로 겹쳐지고, 또 그들의 결합을 통해 동의할 것을 강요하는 여러 사상들 사이에 형성되는 무한한 양의 매우 오래된 일치들을 전제로 한다.

사람들은 자신이 원하는 것이라고 해서 그것을 믿지는 않는다. 그렇게 하려고 시도한다면 나쁜 징조이기도 하다. 하이드 파크의 불교 신자들은 본받을 만한 예가 아니다. 업에 대한 믿음은 윤회나 우주적인 흐름에 대한 믿음의 자연적인 귀결로, 여러 사상들로 된 한 기체基體의 일부분을 이루고 있다. 따라서 어린 식물이 자신의 뿌리를 싸고 있는 부식토에서 분리될 수 없는 것과 마찬가지로 믿음은 기체에서 분리될 수 없는 것이다.

신앙을 지식으로 인정받게 하려는 것은 일상적으로 빈번히 일어나는 사기 아니면 속임수이다. 지성은 절약이라는 이상理想을 따른다. 아는 것만으로도 충분할 텐데 믿기까지 한다는 것은 쓸데없는 낭비처럼 보인다. 게다가 믿는다는 것은 위험을 무릅써야 한다는 것을 나타내지만 안다는 것은 안전이라는 이상과 일치한다. 그러나 절약과 안전이 반드시 진리를 보증해주는 것은 아니다.

그렇다면 업의 법칙은 지적 만족을 준다는 것을 덧붙이자. 왜냐하면 이는 **통합하는** 법칙이기 때문이며 또 칸트가 말하는 이성의 통제적 '원리들', 그러나 반드시 객관적인 진리를 이해하게 해주는 것은 아닌 그 원리들 가운데 하나처럼 제시되기 때문이다. 그러나 이 법칙은 **단순화시키는 것**이기에 의심스러울 수 있다.

과학적 사고에 있어서 결정론이 명백하게 진보해감에 따라 그 결정론의 한계 역시 점차 커지고 있다. 천문학자는 점성학자보다 훨씬 야심이 작다. 왜냐하면 그는 자신이 관찰하는 천체가 인간의 운명에 영향을 주는지 안 주는지 모르기 때문이다. 그러나 그 결정론이 보편적인 것이라면 모든 것은 서로서로 영향과 반향을 미쳐야 할 것이다. 하지만 오늘날 우리가 보고 있는 것은 이와는 거리가 멀다.

결국 업에 대한 믿음은 행동에 대하여 한 가지 관점을 채택하도록 하는데, 이 관점은 삶을 거부하는 것 자체로 보이기 때문에 서양인들 대부분은 이를 받아들이지 않고 있으며, 힌두교도들 내에서도 보편적으로 인정받고 있지는 못하다. 『베다』에서 가르치고 있는 의식적 행동이 『우파니샤드*Upanisad*』에서 말하는 존재를 낳게 하는 활동과 다르다는 것을 깨닫기 위해서는 인도에 대한 개괄적인 지식만으로도 충분하다.

그런데 이 존재를 낳게 하는 활동은 여러 방식으로 해석될 수 있었다. 소승불교 교도들에 의해서는 초경험적인, 즉 경험을 초월하는, 그러나 그 경험을 명령하고 밝혀주는 원칙으로 해석되며, 브라만 교도들에 의해서는 일반적으로 절대자의 표현으로, 또 대승불교의 이상주의적 불교도들에 의해서는 다른 모든 자연의 인과 관계와 마찬가지로 자동적인 물리적 인과 관계처럼 해석되는 것이다.

거대한 힌두 사상의 도가니 속에서 이러한 개념들은 서로서로, 즉 마술적 양상은 도덕적 양상과, 물리적 양상은 존재론적 양상과 잘 일치될 수 있었다. 그런데 비록 힌두교도들의 눈에는 하나로 일치된다 하더라도 이 개념들이 서로서로 차이가 나지 않는 것은 아니다. 마찬가지로 행위에 의해 형성된 예속에서 벗어나는 다양한 방식들, 그것이 깊은 신앙심 덕택이건, 아니면 지식이나 『바가바드기타』에서 권하는 무사 무욕한 행위의 덕택이건 간에 그 방식들도 그들에게 있어서는 하나로 일치된다. 즉 사상가의 길도 고행자의 길도 아닌, 그러나 행위가 불가피하다는 것을 인정하는 중도中道가 그것이다.

그 누구도, 단 한순간도 무위 속에 머무를 수 없다. 모든 인간은, 그가 의도하지 않더라도 그 존재의 본래 기능에 의해 행위를 하게끔 되어 있다.

행위는 권장할 만한 것이며, 필수적이기조차 하다. 그러나 그 행위는 무사 무욕한 것이어야 한다. 일을 행함에 있어서는 그 결실을 추구하지 않고 완수해야 한다.

행위 가운데서 휴식을 보고 휴식 가운데서 행위를 보는 자, 그는 인간 중의 현자이니. (…)

반면에 몇몇 불교 종파들과 자이나 교도들의 종파, 다시 말해 공공연한 이단의 종파들은 업을 하나의 장애물로, 마치 식중독이 되었을 때 하제下劑를 써서 치료하듯 무슨 수를 써서라도 제거해야 하는 장애물로 보고 있다.

자이나 교도들에 대해 마송-우르셀Masson-Oursel은 다음과 같이 쓰고 있다.

> 그것은 사용과 비례해서 나타나는 기계의 노후화이다. 또는 우리 관절 속에서 일어나는 요산 결정의 축적으로, 거기서부터 관절염의 고통이 생기게 된다. 그것은 언제나 이전의 작동에 의해 남겨진 찌꺼기가 축적된 데서 기인하는 무능력이다.*

이것이 바로 가장 격렬한 반응을 정당화시키고 있다.

업과 업에 대한 대립되는 양식이 어떻든지 간에, 해석의 차이는 있더라도 그 일반적인 개념에는 근본적인 유사성이 있다고 가정할 수 있다.** 그러나 우리의 개념과 대립되어 있다고 할 수는 없어도 극도로 멀리 떨어져 있다.

---

* 『인도 철학사 Histoire de la philosophie indienne』.
** 게다가 유럽에서는 똑같은 논제를 주장하면서도 서로 일치하지 못하는 데 반해, 인도에서는 서로 대립된 논제를 주장하면서도 쉽게 합의를 본다.

제2부의 결론

　　악의 문제는 인간의 감수성을 고려하지 않는 합리적 설명에 의해서도(이 감수성 없이 이 문제는 그 비극적 성격을 잃게 된다), 또 사물의 본질을 고려하지 않는 종교적 설명에 의해서도(이 본질 없이 이 문제는 그 실증적인 성격을 잃게 된다) 밝혀지지 않고 있다. 이 두 해결책은 하나는 부족함으로 인해 다른 하나는 과도함으로 인해 과오를 범하고 있다. 만약 악이 사물의 본질에서 유래하므로 필수적이라면 더 이상 참된 고통도 참된 죄의식도 없게 된다. 하지만 이 고통과 죄의식이 비록 헛된 것이라 할지라도 이들은 우리가 소홀히 할 수 없는 여건들이다.

　　만약 악이 인간 자유의 산물이라면 우리는 사실상 책임이 없는 인간의 본질에 그 책임을 지울 수밖에 없게 된다. 불가항력적인 것의 영역에서는 이러한 장르의 어떤 질문도 제기될 수 없기 때문이다. 때로는 사람들이 충분하게 입증해 보이지 않고 때로는 너무 과하게 입증해 보이고 있다.

이 두 해결책은 각각 그 불충분한 성격을 잘 의식하고 있다. 이리하여 스토아 학파와 같은 합리주의자들은 감수성의 위세를 벗겨보고자, 그리하여 필연의 영역을 도처로 넓혀보고자 애쓰고 있다. 한편 최초의 죄의식을 태초에서 찾고자 하는 신학자들은 창조물 자체가 그의 창조주에게 반론으로 제기하는 소극적 저항 속에서 창조주의 전능함에 한계가 있음을 인정한다(하지만 불교도들은 오직 그들의 원칙에 복종함으로써 의지들의 산물이 자연적 형태로 다시 나타나는 것을 받아들인다).

그러나 이 해결책들 각각은 나름대로 가치가 있으며, 그 해결책이 자신의 출발점에서 너무 멀리까지 적용되고자 할 때만 가치를 잃게 되는 듯하다. 이는 마치 군대가 자기 기지에서 너무 멀리 떨어진 지역에서 싸우게 될 때 정복을 했더라도 그 정복이 단지 일시적일 수밖에 없는 것과 같다. 이것이 바로 이 이론들이 불안정하지만 동시에 확고부동한 성격을 가지고 있음을 설명해줄 것이다. 즉 언제나 너무 많은 것을 열망함으로써 문제시가 되기 때문에 불안정하며, 또 이 이론들이 확인된 사실이나 있음직한 가정을 바탕으로 하고 있으므로 확고부동한 것이다.

그 영역들을 한정할 수 있어서 여기서부터 자연이 시작되며 저기서 자유가 끝난다고 말할 수 있어야 할 것이다. 그러나 그것은 불가능하다. 비록 그 문제가 이중의 해결책을 받아들일 수 있고, 또 때로는 이런 방식으로 때로는 저런 방식으로 해결될 수 있다 하더라도 어떤 관점에 서야 하는지, 그리고 어디까지 이 관점이 유지되어야 하는지를 결정하는 것이 불가능하다는 사실에 그 본질적인 난점이 있기 때문이다.

한 아이가 구강암에 걸렸다. 이것이 아이의 잘못 때문인가? 만약 내가 자연을 발생시키는 것이 바로 행위라고 본다면, 나는 아이에게 입술을 물어뜯는 습관이 있거나 아니면 거짓말을 많이 했기 때문에 그런 병에 걸렸다고 말할 것이다. 그리고 아이가 일반적으로 나쁜 행동을 했거나 아이의 조상이나 아버지가 과오를 저질렀기 때문에, 혹은 아이가 다른 사람의 과오를 짊어졌기 때문에, 어떤 신이나 하나님이 (신 자신의 만족을 위해서 아니면 그의 희생자에게 자신의 미덕을 드러내 보일 기회를 주기 위해서) 그를 희생자로 선택했기 때문이라고 말할 것이다.

이 설명들은 부조리하게 보일 수 있을 뿐 아니라 불평등하게 보일 수도 있으나 **선험적**으로 거부될 수는 없다. 왜냐하면 그 설명을 하는 자는 언제나 하나의 행위는 하나의 의도를 전제하듯이 물리적인 원인들이(특히 이 이유들이 미지의 것인 경우) 도덕적인 원인들을 숨기고 있다고 주장할 수 있을 테기 때문이다.

하지만 비록 내가 이러한 범주에 있는 설명들을 옹호한다 하더라도 극단까지 밀고 나가지는 않을 것이며(내가 예언자나 점쟁이일 경우는 예외로 하고), 자연적인 원인들이 약간의 가변적인 부분을 설명하도록 남겨놓을 것이다. 그러나 어떤 원인을? 그것은 바로 내가 상황에 따라 결정할 일이다.

반대로, 한 여행자가 돈을 가로채려는 누군가의 습격을 받았을 경우 내가 자연과 필연성의 관점을 선택한다면 나는 그 도둑이 그런 행위를 미리 계획하지 않았으며, 비록 그가 그런 행위를 했다 해도 자신의 사회적·가정적 상황에 의해 강요받은 것이었음을, 따라서 그에게는 전혀 책임이 없음을 증명하려고 전력을 다할 것이다. 그리고 앞서의 경우에서 부조리의 감정에 의해서 중단했듯이 내가 그런 노력을 중단한다면 그것은 신중하고자 하는 감정 때문일 것이다. 그러나 일단 내가 선택한 길에 던져지게 되면 정확하게 어디서 중단해야 할지 모르게 될 것이다.

사실상 '선택'이란 말은 각각의 설명들이 차후에 그 근거로 제시하게 될 기본 태도를 결정한다는 점에서 적합한 말이다. 그리고 그 선택은 사람들이 선택을 하게 되는 이유와는 별도로 이루어진다. 이유들은 차후에 나오게 된다. 한 수험생의 높은 점수가 그의 성공의 원인이라면, 이 점수 자체는 첫 번째 선택에서 기인하는 것이며 그 선택이 또다시 두 번째 공식적인 선택을 명령하는 것이다. 이는 신의 선택이 예정된 구원을 명령하는 것과 같다.

그러므로 '악은 어디서 나오는가?'라는 물음에 따르게 될 대답은 그렇게 심사숙고된 답변이 아니다. 왜냐하면 그 대답은 형이상학적이라든가 종교적이라고 불리는 원칙적인 문제들에 답하는 사람이 취하게 될 전반적인 방향 선정에 따라 달라지게 되기 때문이다. 그 대답은 단지 개개의 특수한 경우마다 특수한 원인으로 제한할 수 있도록 상황에 대한 깊은 연구가 선행되었을 때만 의미가 있을 것이다. 그것이 바로 의사와 법학자, 정신과 의사 들이 하려는 바이다. 그러나 그들 자신 또한 몇몇 원칙들에 사로잡혀 있으며, 각자의 영역에서 그 원칙들이 적용되기를 바라고 있다.

그리하여 단순히 생리학적이었던 의학이 이제는 주로 심리학적인 것이 되고 있다. 예를 들어 매독이 유전된다는 사실이 증명되지는 않고 있지만, 유전에 의한 것이라고 간주되어 온 바로 그 신경장애 증상이 지금은 (비록 이것 역시 증명되고 있진 않지만) 신경쇠약의 결과처럼 간주되고 있는 것이다. 전쟁 같은 사회적인 대이변에 있어서도 그 해석은 전적으로 해석하는 사람의 견해에 달려 있을 것이다.

아마도 어떤 원칙이 진리라고 확신하고 있는 인간도 경

험이라는 참으로 복잡한 영역에서는 자기 것이 아닌 다른 원칙에 의해 더 쉽게 해석 가능한 사실들도 있다는 점을 인정하지 않을 수 없을 것이다. 따라서 (적어도) 양극성兩極性을 인정할 수 있을 것이다.

그러나 이론이라는 것은 독점적인 요구를 필요로 한다. 그 이론은 철학적이라고 자처하든 그렇지 않든 간에(그러나 스스로 철학적이지 않고자 하는 이론이 바로 우직한 요구를 가장 많이 드러내는 이론이다) 어떻게든 경험을 통합시키려고 한다. 그런데 그 이론은 신 중심적인 관점을 택함으로써 '유일자'를 일관성 없는 이 세계 밖에 위치한 것으로, 또 이 세계와는 딱히 꼬집어 말할 수 없는 단 하나의 관계만을 가지고 있는 것으로 간주하는 편이 더 나을 것이다. 그때부터 신은 이 세상이 통합될 필요가 없는 것만큼이나 정당화될 필요가 없을 것이다.

우리 마음은 바로 이 회의적인 동시에 신비로운 결론 쪽에 기울어지게 된다.

제3부
인간적 관점들

실존한다는 것, 그것은 단순히 존재한다는 것이 아니다.
실존한다는 것, 그것은 사고하지 않는 것이다.
실존한다는 것, 그것은 권태를 느끼는 것이다.
실존하게 되자마자 우리는 선택을 해야 한다.
인간은 아무 데서나, 아무렇게나, 또 아무 때나 실존하는 것이 아니다.
선택한다는 것, 그것은 무엇보다 먼저 자신을 벗겨 버리는 것이며,
소중하게 여기는 자신의 일부분을 희생하는 것,
간단히 말해 무엇인가를 완수하기 위한
유일한 조건인 자신을 희생시키는 것이다.

우연적 존재 1

악은 선과 불가분의 것이며 이들을 서로 분리시키고자 하는 것은 유토피아적 기도인 것 같다. 그러나 인간은 자신의 욕망이나 이상을 실현시키고자 하는 희망에서가 아니라 완벽하게 자신을 해방시키고자 하는 희망에서 그의 자유를 행사해왔다. 항상 인간 그 자신에 의해서 이루어진 것만은 아닌, 때로는 그의 외부에서 이루어지기도 한 이 자유는 여러 측면에서 행해져왔다. 즉 완화된 결정론의 측면에서, 부인되었거나 변형된 신학적 예정론의 측면에서, 그 무게가 더 가벼워졌던 과거라는 측면에서 그 예견이 덜 확실한 것으로 나타났던 미래라는 측면에서 등등. 그리하여 인간은 단순한 존재, 즉 우연성으로 귀착되게 되었다. 그렇다면 이 사실로부터 악의 문제에 대한 대답이 나오게 되는가? 아니다. 어떤 대답도 있을 수 없다.

사실상 인간은 자신의 '본성'에서 벗어났거나, 적어도 그렇다고 믿었다. 그는 스스로 다음과 같은 정의를 내릴 수 있었다.

"인간이란 그의 출현이 이 세상을 있게 하는 존재이다."

또 그는 자유란 유일한 가치의 근원이기 때문에 지고한 가치라고 생각할 수 있었다. 그러나 일단 획득된 이 자유는 그에게 단지 쓸모없는, 즉 맹목적이고 절망하게 하는 능력만을 주었을 뿐이다.

I

양차 대전 사이에 폭발한 결정론의 위기는 이미 부트루 Boutroux[1]와 베르그송에 의해 흔들리고 있던 기계론적 필연성에 대한 19세기의 맹목적인 믿음을 파괴하는 결과를 가져왔다. 다수의 법칙이 '대자연'을 지배한다고 해서 자유 의지가 증명되는 것은 아니며, 단지 개별적인 사건들을 예견하는 것이 불가능하게 될 뿐이다. 그러므로 그것은 인간에게 있어 가능해진 해방, 즉 과거의 결정론이 불가능하게 만들었던 해방을 뜻했다. 그리하여 인간은 이미 하나의 틀을 잃게 되었

---

[1] 프랑스의 철학자(1845~1921). 「신유심론」편에서 자연과학의 기계론적 사고 방식을 비판하고 인간의 자유로운 창조적 활동성을 주장했으며, 베르그송의 스승이기도 하다.

다. 지난 세기 학자들을 그토록 자신만만하게 했던 그들의 멋진 주장들을 돌이켜볼 때 그것은 하나의 단단한 틀이었다. 엄격한 결정론이란 흔들리지 않는 받침대를 정신에 제공해 줄 수 있다.

보통 우리가 생각하는 것과는 정반대로, 갈피를 못 잡고 있는 것은 우연의 개념이다. 그 어떤 것도 물리학에 이어서 수학적 정신보다 더 확고한 것은 없다. 그런데 뉴턴이나 갈릴레이가 주장한 원칙들과는 반대로, 자연과학에서 엄격한 결정론이란 더 이상 없다. 원인이 확인되었을 때 그 결과가 나타날 **가능성**은 있다. 그러나 그 결과가 반드시 나타나야 할 **필연성**은 없다. 이렇게 해서 자연 법칙들 속에 확률이 등장하게 된다. 그것은 과거에 앙리 푸앵카레Henri Poincaré[2]의 경우(그리고 현재 슈뢰딩어Schrödinger[3]의 경우)에 그랬던 것처럼 더 이상 우리들 무지에 대한 척도만은 아니다.

좀더 나아가 보자. 물리학자 피에르 오제Pierre Auger[4]는 원자와 인간을 두 종류의 존재자로 간주하는 아주 극단적인 비교를 하고 있다.

---

[2] 프랑스의 수학자, 물리학자, 천문학자(1854~1912). 수학이나 정밀과학에서 쓰이는 방법을 탐구하면서, 가설의 역할과 과학적 인식의 의의와 가치를 해명하고자 했다.
[3] 오스트리아의 물리학자(1887~1961)로 파동 방정식을 만들어냈다.
[4] 프랑스의 물리학자(1899~1993)로 원자핵물리학을 전공했다.

"존재자들의 문제에서는 오로지 확률만이 있을 뿐이다."
모든 것은 존재자가 창조를 받아들이거나 거부하는 데 대한 선택권을 가지고 있는 것처럼 진행된다. 마지막 상태는 대충 최초 상태와 중복이 되며, 그 변형을 설명할 수 있는 요소로서 중간 개념들을 고려하기란 불가능하다. 그런데 하이젠베르크Heisenberg[5]가 한 점과 다른 한 점 사이에는 동시성이 없으나 그 속에서 모든 것이 함께 일어나는 한 영역과 한 점 사이에는 동시성이 있다고 말할 때, 인간은 원자가 갖는 불확정성과 동류의 불확정성을 누리고 있는 듯하다.

우리가 미래와 갖는 관계란 의도나, 기다림, 선택 등과 같이 우리가 그 미래를 가지고 만들고 있는 끊임없는 예비 형태들 속에 있다. 우리의 현 상태가 변화될 수 있는 각각의 가능성은 실현될 확률이 있다. 이 가능성들이 형성하는 변화무쌍한 후광은 희미한 빛으로 미래를 비추고 있는데, 이 후광이 없다면 미래는 무섭고도 완벽한 어둠 속에 빠지게 될 것이다.*

---

[5] 독일의 물리학자(1901~76)로 양자역학과 양자장 이론을 발전시켰으며 불확정성 원리로 유명하다.
* 하이젠베르크, 『원자물리학의 인간 L'Homme microphysique』.

이러한 고찰은 저자로 하여금 행동성과 완벽한 독립성의 윤리에 이르게 한다.

신앙 속에서 '존엄'을 보게 되는 것과는 전혀 다르게 우리는 거기서 인간의 유일한 존엄, (다른 곳에서는 오직 **반응**의 자유만이 존재하는) 즉 모든 생물계 가운데서 그만이 유일하게 지니고 있는, 창조에 대한 자유를 **포기**한다는 징표를 보게 된다.*

희망을 가져볼 만한 이유가 있다. 물론 옛 사람들의 세계, '모든 사건이 우리에게 신호를 보내고', 소우주가 대우주를 반영하고 있던 그 세계는 영원히 사라졌다. 그러나 현재의 세계가 인간성이 완전히 상실된 세계, '은하수와 성운으로 가득 찬 힘의 장場으로 되어 있으며 빛을 방사하는 세계'는 더 이상 아니다. 이 세계는 '모두들 자신의 내적 법칙과 자유를 소유하고 있는 수많은 존재자들로 가득 찬 하나의 틀'**이다.

그러므로 이제 이 우주는 우연이 외부의 결정주의로부터 제외되어 떨어져나가는 대신 그 결정주의 속으로 흡수되어 들

* 『원자물리학의 인간』.
** 『원자물리학의 인간』.

어갔다는 차이점은 있으나, 어느 정도 뤼크레티우스Lucrèce⁶가 본 우주의 양상을 띠고 우리에게 나타난다.

신이 인간의 모든 행위에 대해 가했던 필연성에서, 또 신에게 자기 행위에 대해 일일이 변명해야 했던 의무감에서 인간이 빠져나오게 되었을 때, 그는 또다른 틀에서 빠져나오게 된다. 종교적 감정의 약화는 마치 '해방'처럼 느껴질 수 있었다.

『악령』에서 키릴로프는 외친다.

인류 역사는 두 부분으로 나뉘게 될 것이다. 원숭이 시기에서 신의 소멸까지라는 한 부분, 그리고 신의 소멸에서 인간과 지구의 물리적 변화까지라는 나머지 한 부분으로. 그때 인간은 신이 될 것이며 신체적으로 변화할 것이다.

현대 문학은 셸리Shelley⁷의 작품에서처럼 신에 대한 독설로 가득 차 있다. 셸리는 스스로를 전투적인 무신론자로 자

---

6 라틴 시인이자 유물론 철학자(B.C. 98~55). 세계의 모든 것을 원자의 운동 현상으로 보는 고대 원자론의 원칙에 의해 이 세계를 자연적·합리적으로 설명하며 종교적·정치적 편견을 비판했다.
7 영국의 낭만파 시인(1792~1822)으로 작품이나 생애가 압제와 인습에 대한 반항, 이상주의적 사랑과 자유에 대한 존경으로 일관하고 있다.

처하며, 신에 좀더 가까이 다가가서 주먹을 내밀기 위해 산에 올라가기까지 했다. 여기서 지배적으로 나타나는 것은 더 이상 도전이 아니라 모독이다. 사람들은 이제 더는 니체처럼 신이 죽었다고 생각지 않는다. 사람들은 마치 인간의 모든 악에 대해 근본적으로 책임이 있는 자의 죽음을 원하듯 그의 죽음을 원한다. 이러한 초연함, 아니 차라리 이러한 혐오감이 낙관주의의 원천이 될 수 있을 것이다.

에피쿠로스는 신들이 무관심하다는 자신의 주장을 통해 인간을 해방시킬 수 있다고 생각했다. 하늘이 텅 비어 있다면 인간은 천둥에 대해 그것이 단지 물리적 결과라는 사실 말고는 두려워할 이유가 없다. 초자연적 징벌이란 더 이상 존재하지 않는다. 인간은 자유로워진다. 그러나 그것은 하나의 장애물이 제거됨과 동시에 구원도 사라짐을 뜻한다.

그런데 이번에는 종교 내부에서 두려움의 신 대신 점차 사랑의 신이 등장했다. 이것이 인간에게 위안이 된다는 사실 또한 믿을 만하다. 그러나 이는 절반만이 진실이다. 인간의 안전을 가장 확실하게 보장해주는 것은 숙명주의적이며 전제적인 신학들이다. 신이 모든 것을 할 수 있고 또 그렇게 한다고 믿으면 믿을수록 인간은 무력한 존재로 간주되어야 한다. 그런데 이상하게도 우리는 인간에 대해 더 많은 것을 요구하게 된다. 행복의 조건은 여기서도 역시 틀에 끼워 맞추는 것이다.

이 문제는 또 하나의 해방, 즉 과거에 대해 행해지게 될 해방으로 우리를 유도한다. 전통과 풍속은 더 이상 고려 대상이 아니며 이들은 법률로 대치되었다. 그렇지만 이 법률들은 자유로운 동의를 얻어야 한다.

알베르 카뮈는 『반항인 *l'Homme révolté*』에서 신을 죽인 자들의 정신 구조에 이어 시살자弒殺者들의 정신 구조에 대한 깊이 있는 분석을 했다.

1793년 1월 21일 훨씬 이전에 이미 여러 왕들이 살해된 적이 있다. 그러나 라바이야크Ravaillac[8]와 다미엥Damiens[9] 그리고 그 밖의 몇몇 암살자들은 왕 개인만을 살해했을 뿐 원칙을 말살한 것은 아니었다.

그러나 프랑스 대혁명은 원칙에 도전한다. 대혁명은 신의 권리를 파괴하고 자연적 권리를 세운다. 신 대신 새로이 지배하게 된 것은 보편적 의지다. 헤겔은 계몽철학이 인간을 비합리로부터 해방시키고자 했다고 말한다.

"이성은 비합리가 분리시키는 인간들을 다시 모은다."

---

[8] 앙리 4세 암살자(1578~1610).
[9] 루이 15세 암살자(1715~57).

그런데 이상한 것은 반항과 혁명, 이 '순결에 대한 향수와 존재를 향한 호소'가 재빨리 공포로 변하며, 완벽한 해방을 원하면 원할수록 점점 더 커다란 죄의식을 받아들이게 된다는 사실이다. 그리하여 진정한 해방은 좀처럼 지속되지 않는다.

마침내 해방을 실현하기 위해 반드시 정복해야 할 마지막 자유가 남게 된다. 이는 미래에 대한 것이다. 이러한 해방은 아주 드물게 이루어진다. 미래란 빠져나가기가 가장 힘든 요부妖婦이기 때문이다. 헤겔의 사상을 이어받은 현대인은 역사에 진행 방향이 없다는 사실을 절대 인정하지 않으려 할 것이다. 그에게 있어 역사의 종말이란 종점이라기보다 완수이며, 그 종착역을 이미 획득했거나 아니면 그 종착역을 알아볼 수 있는 하나의 전개 과정이 아니라 오히려 구체적 목적을 위해 행해지는 하나의 사건일 것이다.

그런데 이러한 목적에 대해 전혀 알지 못하며 짐작조차 하지 못하고 있는 일련의 현대 사상이 있다. 이 사상을 따르는 사람들은 다음과 같이 말한 니체를 충실하게 추종한다.

"미래에 관한 한 나는 미지를 좋아한다."

디오니소스는 어둠 속에서 길을 잃고 헤매는 것에 행복해한다.

그 결과 지속적인 현실과의 모든 관계를 잃게 해주는 순간에 대한 열광이 나오게 된다. 인간은 하늘과 땅 사이에 어

중간하게 매달려 있게 되므로 지속의 저편에 있는 무언가를 만질 수 있고 또 만지고 있다고 믿게 된다. 바로 그 사실 때문에 그는 나머지 인간들로부터 엄격하게 분리된다. 그리고 그는 오마르 케이얌Omar Kheyyam[10]을 뒤따라 고독과 부재라는 대가를 치르고서야 얻게 되는 도취와 영원함이 있는 동굴 속으로 깊이 빠져들게 된다.

이처럼 수없이 다양한, 모두가 같은 방향으로 가고 있는 해방의 결과란 인간을 홀로 자기 자신에게 내맡긴 채 남겨놓는 것이리라. 그런데 이는 단순히 벗은 상태가 아니라 벌거벗겨진 상태이다. 다시 말해 방금 태어난 아기처럼 벗고 있는 상태가 아니라 자신이 벗어버린 옷들에 대한 기억 때문에 벗은 사실에 당황하고 있는 상태이다.

인간은 우선 포로가 사슬에서 벗어났을 때 맛보는 행복처럼 말로 표현하기 어려운 행복감을 느낀다. 그러나 곧이어 그는, 자유에 대한 준비가 전혀 없이 해방된 포로가 자유를 누리는 데서 갖게 되는 당혹스러움을 느낀다. 그가 해오던 습관들은 갑작스레 깨어져버렸다. 그리고 자신이 무엇을 해야 할지 아무도 말해주지 않는다. 이제 그는 무엇이든 자유로이 선택할 수 있다. 그러나 어떻게 선택해야 하며 무엇을

---

[10] 페르시아의 학자 겸 시인(1050?~1123). 신을 모독하는 염세주의적이고 회의주의적인 시를 썼다.

선택해야 할까? 이는 마치 구중궁궐 속 닫힌 생활과 고유한 운명에서 갑작스레 벗어나게 된 동양의 공주들이 전혀 알지 못하는 길들이 사방으로 뻗은 사거리에 던져지게 되었을 때 느끼게 될 당혹감과도 같다.

자유에 대한 희망이 불러일으키는 도취에 이의를 제기할 수는 없다. 이는 이백년 전부터 빛을 발하며 끊임없이 모든 민족들을 감동시켜온 서광이다. 신으로부터 인간을 해방시킨 프로메테우스, 주인으로부터 노예를 해방시킨 스파르타쿠스, 그리고 현대의 모든 반항인과 혁명가 들이 바로 이 신화를 유지시켜왔다. 그리고 시는 언제나 이 신화 덕분에 생명을 유지해왔다. 『파우스트』에서 서정 시인의 상징인 어린아이 **오이포리온**은 다음과 같이 외친다.

"이제 뛰도록 날 내버려두세요. 뛰어오르게 날 내버려두세요. 공중은 나의 세계예요!"

붙들려 해도 소용없다. 그는 너무 높이 올라갔기에 다시 떨어질 때는 심하게 다칠 것이다.

괴테의 오이포리온, 그것은 바로 플라톤의 **이온**Ion[11]이다. 물론 다음과 같은 중요한 차이가 있긴 하다. **오이포리온**

---

[11] 플라톤의 『대화편』 가운데 그의 미학을 다루는 '이온'에 나오는 소크라테스의 대화 상대자로, 호머의 시를 낭송하는 음유 시인이다. 소크라테스는 영감에 의거해 청중들을 감동시키는 그를 이성을 필요로 하는 여타 기술과는 다른 광기를 가진 인물로 평가했다.

은 그 자신이 정열적으로 희구하고 선동하고 노래하던 파국으로 끝이 난다. 반면에 **이온**은 착각을 하고 자신의 방황 속으로 우리를 끌어들인다는 단 하나의 위험밖에 없는, 바람에 따라 흔들거리는 가벼운 존재일 뿐이다. 시적 열광은 더 이상 똑같은 것이 아니다. 원하든 원치 않든 우리를 감동시킬 수 있는 자는 우리를 낭만적으로 죽음에 끌어들일 수 있는 자이다.

어쨌든 지드의 『배덕자 *Immoraliste*』가 결정적인 말을 한 것은 사실이다.

> 나를 지금 여기서부터 벗어나게 해주게. 그리고 내게 존재 이유들을 주게나. 나 자신은 더 이상 그것을 찾아낼 수가 없네. 내가 해방되었다는 것, 그건 가능하지. 그러나 그게 무슨 소용 있나? 난 쓸모없는 이 자유 때문에 괴로워하고 있다네.

II

우리가 살고 있는 이 시대보다 조금 전 시대에 바로 위와 같은 지점에 도달한 인간의 모습을 살펴보자. 모든 것으로부터 또 모든 인간으로부터 해방되어 신도 주인도 없이, 자기 과거를 부인하며 자기 미래의 주인으로, 새로운 자연의 창조주로 존재하는 인간을.

허공에 뜬 이 상태는 그에게 무한정 유리할 수 있고 또 그래야만 한다. 이는 시인들이, 은자와 학자 들이 정열적으로 추구하던 바로 그 순간이다. 이러한 독특한 인간들은 또한 독특한 삶의 방식을 갖고 있다. 그들에게는 다른 인간들과 관계를 끊어야 할 필요가 있기 때문이다. 국가를 통치하는 자들도 때때로 똑같은 욕망을 느꼈다. 중국 황제 건륭제는 대궐 밖에서 사냥 경기 도중, 차茶에 대한 짧은 시를 지어 외친다.

나 자신과 자유롭게 이야기하기 위해, 또 갈망할 그 어떤 것도 갖지 않기 위해 옛 현자처럼 잣 열매만 먹고 살아갈 순 없을까?

이 기이한 고독은 또한 팔미라Palmyre[12]를 잃은 뒤 티부르Tibur에 은둔했던 제노비아Zénobie 여왕[13]처럼 유배된 왕들의 고독이기도 했다. 이 고독은 낭만적인 고독, 예를 들어 생쥐스트 수도원에서 카를Charles 5세[14]가 겪었던 고독을 생각하

---

12 시리아 사막에 있는 오아시스로, 무역 중심지로 큰 번영을 이뤘으나 현재는 폐허가 되었다.
13 약 266년부터 272년까지 팔미라를 지배했으며, 로마 황제에게 체포되어 말년에는 로마 근교 티부르(현재의 티볼리)에서 생애를 마쳤다.

게 한다.

우리 시대에 있어 구속으로부터 전적으로 해방되는 것은 고립된다는 감정을 통해 자연에 대한 감정을 부활시킬 수 있을 것이다. 그러나 이 고립은 유럽인들에게는 지속될 수 없다. 그들에게는 행동의 필요성이 우세하다. 유럽인들은 어떻게든 무언가를 해야만 하고, 건축광인 그들은 언제나 무언가를 만들어내야 한다. 따라서 그에게는 더 이상 무신론자들이 자연적 낙관주의라 부르는, 또 신앙인들이 하나님에 대한 믿음이라 부르는 사물의 선의에 대한 믿음이 없다.

놀랄 만한 게 무에 있는가? 산업혁명 이후 인간이 처한 환경에는 더 이상 인간적인 것이 아무것도 없었다. 인간에게는 더 이상 꽃이 만발한 골짜기도, 그를 기쁘게 하기도 하고 두렵게 하기도 하는 벌거벗은 산들도 보이지 않았다. 인간과 자연 사이를 가로막는 막이 쳐졌다.

18세기 작가들은 여명과 저녁놀이 빚어내는 장관에, 장엄한 호수의 고요함에, 편안한 숲속의 어두움에, 샘물의 신선함에 황홀해했다. 또한 그들은 대양의 폭풍우에 감동받게 될 것이며, 근접할 수 없는 높은 산의 웅장함에 뒤흔들리게 될 것이다. 대자연의 평화로운 모습에 야성적인 면이 이어지

14 독일 신성로마제국 황제이자 스페인 왕(1500~58)으로, 루터파를 제압하는 데 실패하고 스페인에 있는 수도원에서 은거하며 여생을 보냈다.

겠지만 여전히 낙관주의가 클 것이다.

　베르나르댕 드 생 피에르Bernardin de Saint-Pierre15와 샤토브리앙Chateaubriand16이 그리는 자연은 하나는 자연 그대로의 야성적인 것이고 또 하나는 세련된 것이다. 하지만 그들은 자연에 대한 공통된 사랑 속에 서로 화해하게 된다. 칸트 역시 자연의 '조화'에는 무척 민감하다. 그는 자연의 숭고한 면을 본다.

　현 세계는 우리에게 그토록 광대한 다양성과 궁극성, 그리고 미의 장을 제시해준다. 따라서 우리의 미미한 지능이 이 세계에 대해 보잘것없는 지식을 얻었다고는 해도, 이처럼 거대하게 펼쳐지는 수많은 경이로움 앞에서 모든 언어는 표현력을 잃고, 모든 숫자는 척도로서 가진 능력을 잃게 되며, 우리의 사고조차 모든 한계점을 잃게 된다. 그리하여 이 모두에 대한 우리의 판단은 마침내 무언의 놀라움, 그러나 더욱더 웅변적인 놀라움으로 귀결되고 만다.*

---

15 프랑스의 작가(1737~1814). 낭만주의의 선구자였던 그는 미지의 세계에 대한 모험을 그리며 풍부한 종교적 정감과 신선한 자연관을 보여주었다.
16 프랑스의 작가(1768~1848). 낭만주의의 선구자였던 그는 원시적 자연에 대한 동경과 허무주의적 번민을 그렸다.
* 『순수이성 비판』, '초월적 변증법'.

칸트는 "일정한 의도에 따라 결정되고, 위대한 지혜로 실행되며, 무한히 펼쳐지는 규모뿐 아니라 내용에 의해서도 하나의 전체를 형성하는, 그러한 한 가지 명령을 명백히 드러내는 징표들이 있다"는 사실을 스스로 의심하지 않는다. 그러나 그는 이 세계의 조화로움을 확신한다 하더라도 그 사실로부터 한 똑똑한 건축가의 존재 외에 다른 것을 결론지을 수 있다고는 믿지 않는다. 결국 그는 자연 속에 조화가 있다는 것을 완전히 인정하고 있으며, 또 이 조화는 그에게 명백한 것처럼 보인다.

어떻게 해서 반 세기 만에 우리를 길러주던 그토록 찬란한 자연이 약육강식의 세계가 되고 도살장이 될 지경까지 시각이 바뀌게 되었는가? 어떻게 해서 우리를 부르고 사랑하던 라마르틴Lamartine[17]의 자연이 너무나 자연을 잘 알고 있어서 그 자연을 두려워할 수밖에 없는 비니Vigny[18]의 자연과 같은 모습을 띠게 되었는가?

자연 그 자체는 문제 삼을 수 없다. 자연은 아주 호의적으로도 그 반대로도 평가될 수 있다. 자연의 본질은 애매 모

---

17 프랑스의 대표적인 낭만주의 시인(1790~1869). 자연과 인간 심정의 교감을 서정적으로 그렸다 .
18 프랑스의 낭만주의 시인(1797~1863). 철학적 시를 많이 썼으며, '인간 희극에 무감동한 장場인 자연의 무관심' 등을 그렸다.

호하며 언제나 동일한 가치를 지닌다는 점에 있다.

"사람들은 나를 어머니와 같은 산실이라 믿는다. 하지만 나는 무덤이다."

자연은 똑같은 무관심 속에서 이 둘 모두가 될 수 있다. 그런데 이 무관심을 자연에 관한 비관주의의 원인이라고 생각해볼 수 있다. 우리는 살아 있는 존재에 대해서는 증오의 감정을 가질 수 있다. 이와 똑같이 살아 있는 존재에 대해 반대의 감정도 가질 수 있기 때문이다. 그러나 사물에 대해서는 어떤 것도 기대할 수 없다. 시골이 도시인에게 줄 수 있는, 그리고 도시인이 점점 더 갈구하게 된 휴식과 위안도 더 이상 도시인에게 시골에 대한 환상을 남겨놓지는 않는다.

자연이란 이제 다른 것들보다 좀더 큰 하나의 기계가 되어버렸다. 그것은 더 이상 인간이 그 모습을 반영하고 있는 대우주가 아니다. 이 기계 자체는 더 이상 고전주의 시대에 그랬던 것처럼 기계 설계자나 기계 운전자를 상기시키지 않는다. 그것은 생명 없는 하나의 사물이며, 더 이상 '자연'이 아니고 하나의 '세계'일 뿐이다. 우리가 더 이상 그에게 말을 건넬 수도, 그가 우리에게 답할 수도 없다.

* * *

만약 인간이 이렇게 자유롭다면, 그리고 자신을 낳아주

고 길러준 이 자연에 한 점 애착조차 없다면, 인간은 자신의 실존이 지닌 환원될 수 없는 것 속에서 자기 실존에 대한 한층 더 생생한 감정을 갖게 될 것이다. 실존한다는 것, 그것은 단순히 존재한다는 것이 아니다. 사물은 우리가 그에게 부여하는 속성인 '존재'를 획득할 수 있다. 그리하여 우리는 하나의 램프에 대해 그것이 존재한다고 말한다. 그러나 그것은 실존하는 것은 아니다. 주체가 아니기 때문이다. 그것에는 단지 외부만 있을 뿐 내부가 없다. 그리고 우리가 그것의 실존에 대해 말할 때, 이는 우리의 실존에 대한 '위조물로서'의 실존이다.

사실상 우리는 주체들에 의해 투영된 그림자들, 때로는 그들의 욕망이며(우리를 둘러싸고 있는 모든 것, 물건이나 가구와 건물 들, 이는 욕망의 결실 아니었던가?) 때로는 영원한 삶처럼 그들의 억누를 수 없는 열망들인, 그림자들로 형성된 세계 속을 거닐고 있다.

두 개의 영역이 있다. 하나는 실존에 의해 만들어졌으므로 그 실존에 종속되는 작위적인 영역과 또 하나는 실존과 단절되어 그것을 무한히 넘어서는 초월적인 영역이다. 인간 덕택에 존재하게 된 객체들의 세계, 그러나 인간에 비해 너무나 열등하며 인간 자신의 풍자적인 모습을 형성하기에 인간이 곧 싫증을 느끼는 객체들의 세계와 인간이 접근할 수 없는 또 하나의 우월한 세계 사이에 던져진 인간은 이 두 극점 사이에 홀로 있기 때문에 불행하다.

그러나 일단 실존이 아닌 모든 것을 자기 자신에게서 제거했을 때, 실존의 감정은 매우 생생해질 수 있다. 바로 그것이 사르트르가 『구토 la Nausée』에서 부각시키고자 한 점이다.

어느 순간 이러한 사실을 알게 된 자는 자신이 모험을, 그것도 가장 큰 모험을 하고 있다는 것을, 즉 그가 **실존한다는 것**을 깨닫게 된다.

"우연히도 나는 나이면서 또 여기 있게 된 것이다."

따라서 그 사실을 알고, 또 평범한 단언이 아닌 이 '대답'을 하기 위해 자문해야 한다. 그 어떤 것의 실존도 일단 문제시될 수 있다. 그때 뭐라고 답할 것인가?

이 나약함이라는 감정은 전혀 새로운 것이 아니다. 종교는 신도들에게 나약함을 부여하고 있다. 창조된 모든 것은 가는 실에 의해 창조주의 손에 매달려 있다. 창조주가 손을 펴기만 하면 피조물은 떨어지게 된다. 세상이 지속된다는 사실은 세상이 창조되었다는 사실만큼이나 기적적이다.

다음 예에서도 마찬가지이다. 늘상 도서관을 이용하는 사람이 어느 날 오후 도서관에 들어가는 순간 '사물들의 일관성 없음'을 깨닫는다. 보통 책들은 책꽂이 위에 알파벳 순서로 정리되어 현재에 대해서는 지표로, 미래에 대해서는 방파제로, 있음직한 것에 대해서는 한계로 사용되어왔다.

그런데 오늘 그 책들은 더 이상 어떤 것도 고정시키고 있지 않다. 그 책이 존재한다는 사실 자체에 문제가 제기된 것 같았으며, 그들은 한순간에서 다른 순간으로 넘어가는 데 매우 큰 고통을 겪고 있는 것 같았다.

이것이 바로 철학자들이 우연성이라 부르는 것이다. 여기서 우연성은 근본적인 것이다. 그렇다고 그 사실로부터 필연적인 '절대적 존재'가 존재한다는 결론에 이르게 되는 것은 아니다.

그렇다면 우리는 더 이상 어떤 고정된 지점도 갖고 있지 않으며 '**모든 것**이 생겨날 수 있고, **모든 것**이 일어날 수' 있다. '예컨대 이 세상이 매일매일 똑같은 것은 바로 게으르기 때문이라고 생각한다. 오늘 세상은 변화하기를 원하는 것 같았다. 그리고 **모든 것**이, **모든 것**이 일어날 수 있었다.'

역사에 대해 기대할 수는 없다. 역사는 실존했던 것을 이야기하지 실존하는 것을 이야기하지 않는다. 그리고 '결코 한 존재자는 다른 존재자의 실존을 정당화시킬 수 없는' 것이다. 역사는 문학의 한 부분을 이루기 때문에 우리에게 흥미로운 그 유일한 점에 있어 거짓말쟁이이다.

'그냥 살아갈 때에는 아무 일도 일어나지 않는다.' 매일 매일 일상 속에서는 모든 것이 평범하다. 그러나 어떤 사건이라도 막상 이야기를 하려 들면, 그것은 모험처럼 보인다. 따라서 우리는 그냥 살아가거나 이야기를 하는 것 가운데 하나를 선택해야 한다.

실존한다는 것, 그것은 사고하지 않는 것이다. 실존한다는 것, 그것은 권태를 느끼는 것이다. '그런데 이 권태는 너무나 희미하고 너무나 형이상학적이라서 나는 그것이 창피하다.'

우연성, 불안전성, 평범함, 불만, 이러한 것들이 바로 실존의 특성들이다. 실존은 '정당화시킬 수 없는' 것이다. 게다가 실존하게 되자마자 우리는 선택을 해야 한다. 인간은 아무 데서나, 아무렇게나, 또 아무 때나 실존하는 것이 아니다. 선택한다는 것, 그것은 무엇보다 먼저 자신을 벗겨버리는 것이며, 소중하게 여기는 자신의 일부분을 희생하는 것, 간단히 말해 무언가를 완수하기 위한 유일한 조건인 자신을 희생시키는 것이다.

그러므로 실존의 나약함에 그의 한계성이 덧붙여진다. 나는 동시에 두 장소에 있을 수 없으며, 두 가지 일을 동시에 할 수 없다. 나는 나 자신을 한정지어야 한다. 새로운 철학은 모순의 철학이며, 양자 택일과 선택의 철학이다. 키에르케고르는 인생 도정의 각 단계는 피나는 희생이라고 주장한다.

여기 한 젊은이가 있다. 그는 여행가도, 정복자도, 엽색가도 되고 싶을 것이다. 하지만 한꺼번에 이 모든 것이 될 수는 없다. 그러면서 그는 나이를 먹는다. 그리고 중년 남자가 되었다. 그는 이제 쾌락과 연애 행각을 단념해야 한다. 결혼해서 가장이 되고 시민이 되고 관리가 된 것은 포기의 대가로 그가 얻은 것이다. 만약 더 멀리 나아가고 싶다면 그는 착실하고 근엄한 이 생활도 포기해야 하며, 역설에 대한 믿음을 가지고 비극의 영역으로 들어가게 될 것이다.

"죽지 않고 죽을 수 있기를."

바울의 말에서 따온 이 격언은 다시 살기 위해서는 죽어야 한다는 것을 복음서의 관점대로 말하고 있다.

여기서부터 바로 지성의 영역에 속하는 불안보다 훨씬 더 강력한 고뇌의 감정이 나오게 된다. 바로 양자 택일 사상이다. 고뇌는 육체적 삶의 영역에 속하며, 실제로 경험할 수 있었던 애매함이다. 또한 그것은 정신적 공허, 무無 속에 있다. 따라서 내용 없는 감정이다.

키에르케고르는 "나는 할 수 있다. 그러나 나는 무엇을 할 수 있는지를 모른다"라고 쓰고 있다. 그리고 좀더 추상적인 방법으로 그 고뇌에 대해 설명하고 있다. 즉 그는 두 극단 가운데서 선택해야 하는 필연성보다 오히려 일반적으로 선택할 수 있는 가능성을 통해 고뇌를 설명한다. 그것은 '가능성에 주어진 가능성으로서의 자유의 현실'이다. 다시 말해 허공 속에서 선택해야 하는 필연성이다.

이 세상의 부조리를 확인한 다음 행동 앞에서 느끼는 고뇌, 이것이 바로 현대 비관주의의 표현 가운데 하나이다.

* * *

그런데 인간은 행동하고자 한다. 자기 만족적 쾌감에 이를까봐 두려워 그는 자신을 검토하는 것으로 만족하려 하지 않는다.

그것은 실존주의의 결과에서 볼 수 있는 몇몇 경우이다. 사실상 실존주의는 직접적으로 어떤 도덕이나 예지로 이끌지는 않는다. 인간이 유예 상태에 있을 경우 유일한 논리적인 태도란 그 인간을 모든 측면에서 살펴보고, 그에게 벌어지는 모든 우여곡절 속으로 그를 따라가보며, 특히 그 어떤 것(그런데 이 어떤 것이란 아무런 행동 지침도 갖고 있지 않으며, 유동성을 지닌 채 체계적이 되지 않도록 한다는 것이 주된 장점이다)에 행동 지침을 내리지 않도록 하는 것이다.

그런데 아직 설익은 실존주의자였던 어떤 박애주의자는 방황하는 영혼들의 충고자 이상으로 속내 이야기를 할 수 있는 사람인 듯한 태도를 보였다. 그는 그들의 가장 깊숙이 감추어진 비밀 속으로 파고들어 그들을 심하게 공격했으며, 그들의 가장 내면적인 행동에까지 동참했다. 그들을 찬미하려는 목적에서였다.

그러나 이 밀접한 결합과 이 우호적인 진찰은 경솔하게 깊은 곳을 동요시킬 때면 항상 뒤따르게 되는 혼돈을 야기시켰다. **행동하지 않는 평온함**, 이는 옛 사람들의 격언이지 현대인의 격언은 아니다. 박애주의자는 그에게는 너무나 당연했던 너그러움과 훌륭하게 태어난 영혼의 기교를 가지고서도 어루만져주려 했던 고통을 도리어 심화시켰다. 그리고 이미 겪었던 불행을 상세히 되새김으로써 시간이 저절로 그 샘을 마르게 했을 눈물을 다시금 흘리게 했다.

실존과의 이러한 육박전은 낙관주의를 만들지 않는다. 실존은 결코 그 자체 내에서 정당화될 수 없기 때문이다. 그런데 일반적으로 생각할 수 있는 것과는 반대로, 세네카 학파의 도덕가들은 공식적인 연설이나 설교에서 전형으로 쓰였던 의미 없는 격려와 과장된 논설을 늘어놓기를 일삼았어도 불행에 빠진 사람들과 일정한 거리를 두고 있다는 바로 그 사실 덕분에 불행을 증대시키지는 않았다. 그들은 이 불행한 자들에게 어떤 선도 주지 않았지만 또한 어떤 악도 가하지 않았다.

실존이 갖고 있는 가장 독특한 점, 다시 말해 가장 우연적인 점(왜냐하면 그의 본질은 우연이므로)에 대해 실존 자신이 의식한다는 사실은 인간을 '허공에' 내버려두게 한다. 그런데 인간은 이 해방을 그 자체로서는 하나의 선이라고 볼 수 없다. 이는 이 해방이 선과 악의 문제를 건드리지 않은 채 그대로 내버려두기 때문이다. 이 해방은 인간을 단지 '자유로운 상태로' 만든다. 그러나 무엇에 대해, 그리고 무엇 때문에?

만약 인간에게 어떤 행동을 완수해야 한다든지 어딘가에 참여해야 한다는 강박관념이 없다면 그의 상황이란 운명주의자나 적어도 정적靜寂주의자, 아니면 단순한 신자가 처해 있는 상황일 것이다. 그는 이미 한편에 가담했기 때문에 어느 편에 가담해야 할지 알 필요가 없을 것이다. 그러나 우리가 지금 말하고 있는 삶의 태도의 경우 그에게는 어느 편이 다른 편보다 더 나을 것도 없을 터이며, 따라서 선택을 포기하는 것이 당연하다.

그런데 그렇지가 않다. 그는 행동하기를 원하며, 행동하고 '참여해야' 하는 것처럼 느끼고 있다. 그때 그는 게임의 윤리를 택하여 스스로 자신의 선과 악의 개념을 만들어나가야 한다. 이렇게 해서 일단 제기된 후에 영원히 사라져버려야 했을 선과 악의 본질에 관한 문제가 더욱 고통스런 형태로 다시 나타난다. 나는 자유롭다. 그러나 내 자유가 내게 무슨 소용이 될 수 있을까? 고뇌는 사람들이 원하든 원하지 않든 비관주의를 낳는다.

    이 비관주의는 니체에게 그랬듯이 낙관주의로 변화될 수 있다. 그것은 의지에 의한, 따라서 강요된 낙관주의로, 그 점에 있어서는 공식적이고도 전통적인 낙관주의와 같다. 그러나 낙관주의 자체는 하나의 가치 이론 위에 세워지는데, 인간의 게임 의지가, 또 그의 근본적인 회의주의가 어떤 것이건 간에 인간은 이 이론에서 벗어날 수 없는 듯하다. 니체에게 있어 지고한 가치란 삶 그 자체가 될 것이며, 다른 이들에게 있어 지고한 가치는 노동과 행복이 될 것이다. 그런데 이 행복이란 노동 자체가 아니라 자연을 개조함으로써, 또 그 노동을 통해 구축되는 사회적 신분 계층을 통해 제공해줄 수 있다. 실존한다는 사실은 그 사실 자체만으로는 우리에게 어떤 지시도 내리지 않는다.

절대적 자유 2

I

 자유로운 행위로서 악을 설명한다는 것은 불완전할 수밖에 없다. 왜냐하면 그 설명은 모든 것을 설명하기에, 적어도 저질러진 악의 많은 부분을 설명하기에 충분할 정도로 상당히 강력한 자연적 필연성에 대해 전혀 고려하고 있지 않기 때문이다.

 혐의를 받은 자가 자신의 무고함을 주장하고, 책임을 다른 이들이나 자연적 필연성에 전가하는 것은 당연하다. 그러나 혐의자가 비록 처음에는 자신의 과오를 부인했으며 또 사회에서 상당한 압력을 받아 굴복했다 하더라도, 그 혐의자가 자신의 과오를 인정할 수 있다는 사실에 대해 우리는 충분히 강조하지 않았다. 사회는 고통을 가함으로써 고통을 받는 자스스로 "그건 내 잘못이야!"라고 말하게끔 하는 정신 작용을 일으킨다. 이제 징벌은 내면화되어 더 이상 판관이 징벌을 가하는 것이 아니라, 그 벌을 받는 희생자가 하나의 속죄로서 벌을 원하게 된다. 그리하여 희생자는 죄인이 된다.

이것이 바로 전염병과 전쟁의 시대가 동시에 참회의 시대가 되는 이유를 설명해준다. 중세에 전염병인 페스트와 콜레라는 신이 가하는 복수의 표시로 여겨졌다. 좀더 근세로 와서 1870년에 일어난 보불전쟁은 제2제정의 혼란에 대한 정당한 처벌로 간주되었다(미스트랄Mistral[19]의 시가 그 사실을 입증하고 있다). 마치 프러시아 대포의 효력과 비스마르크에 의한 군대 조직이 충분한 설명이 되지 않았던 것처럼. 1940년의 패배에 대해서도 마찬가지였다. 당시 많은 프랑스인들은 방어 부대가 부족했다는 것을 비난하는 대신 패배는 정부가 저지른 과오에 대한 당연한 결과라고 생각했다.*

도스토예프스키가 사형선고를 받고 이후 유형에 처해졌

---

19 프로방스 지방의 언어인 오크Oc어로 작품 활동을 한 프랑스의 작가(1830~1914).

* 1955년 11월 5일 스팍스Sfax에서 행한 연설(이 연설은 그 다음날 『르몽드』지에 실림)에서 부르기바Bourguiba(1903~2000, 튀니지 정치가로 튀니지 독립운동에 헌신했으며 1957년 튀니지 대통령이 되었다—옮긴이)는 다음과 같이 주장했다. "매번 튀니지가 불안한 혼란 속에 빠지게 될 때마다 프랑스 여론이 우리 요구에 좀더 우호적으로 나타난다는 것을 확인하는 바입니다." 방향 전환은 급격할 수 있다. 가장 호전적인 국가인 일본도 단 몇 초 만에 가장 평화주의적 국가가 되었다.

을 때, 그는 이 판결을 자신의 과오에 대한 정당한 징벌로, 또 그 과오를 돌이킬 수 있는 기회로 보았다. 이것이 바로 자신의 작품 『죽음의 집의 기록 *Souvernirs de la maison des morts*』에서 이야기하고 있는 바이다.

스탕달은 파브리스가 갇혀 있던 감옥의 사령관에 대해 쓰면서 이러한 심리적 상황을 완벽하게 그리고 있다.

> 파비오 콘티는 (…) 성채 안에 있는 모든 사람들에게 끔찍히 미움받는 존재였다. 그러나 불행이란 모든 인간들에게 똑같은 동정심을 불러일으키기에 쇠사슬에 묶여 억압을 받았던 가난한 죄수들조차도 (…) 그들의 사령관이 위험한 고비를 넘겼다는 사실을 알게 되었을 때 자신들 돈을 모아 감사 예배를 열 생각까지 했다. 오, 인간들에게 미치는 불행의 영향이란![20]

고통의 악이 내면화되면서 과오의 악이 된다는 것은 보편적인 법칙이지만, 여태껏 충분히 강조되지는 않았다. 복음서 말씀을 흉내내어 "두드리시오. 그러면 열릴 것이오"라고 말할 수도 있다. 심하게 메마른 마음도 두드리는 데는 저항

---

[20] 스탕달의 소설 『파르므의 수도원』.

할 수 없다. 과오의 악은 조만간 현세에서든 내세에서든 고통의 악을 불러일으킨다고 한다. 그것이 바로 종교가 갖는 고무적이고 또한 숭고하기까지 한 관점이다. 그 반대의 관점 역시 이와 마찬가지로 사실이다.

* * *

자신에게 가해지는 고통이 자기 스스로 저지른 과오처럼 느껴지기 위해서는 (적어도 위협이나 협박과 같은) 처벌뿐만 아니라(그런데 처벌이 엄격하면 할수록 과오는 더욱더 심각하게 여겨진다) 시간의 작용이 있어야 한다. 시간이 지남에 따라 **실제 과오**는 점점 더 대수롭지 않게 되는 반면, **죄의식**이라는 감정을 증대시켜 어떤 정신적 상태가 될 정도로 만드는 것이 바로 시간이다.

그런데 이처럼 비정상적인 상태가 되는 이유는 어떤 상황을 의식하는 데에 고유한 지연遲延 현상 속에서, 또 그 지연 현상이 일으키는 환상에서 찾을 수 있을 것이다. 우리는 전기공학적 현상들과의 유추에 의해서 **이력**履歷 **현상**l'hystérésis[21]이라 부를 수 있는 이 지연 법칙의 예들을 많이 알고 있다.

식민지를 가졌던 자들의 후손들은 자기네 조상이 저지른

---

21 어떤 물리량이 현재 물리 조건만으로는 결정되지 않고, 그 이전에 물질이 경과해온 상태의 변화 과정에 의존하는 현상.

과오에 대한 대가를 치를 뿐 아니라, 아무도 그 과오에 대해 그들을 비난하지 않더라도(즉 식민지 토착민들이 모두 사라졌을 경우) 스스로 자신들의 과오를 비난한다. 이렇게 해서 미국에서는 얼마 남지 않은 인디언 생존자들이 그들의 권리를 행사할 수 있도록 사법권을 제정했다.

게다가 식민지를 건설한 나라들은 오로지 이 악행들이 부분적으로 선행들로 변화되었을 때, 그리고 통치를 하는 자와 통치를 받는 자가 서로 연대적으로 맺어질 때에만 그 악행들을 의식한다. 또 지주들은 그들이 무해한 존재가 되는 바로 그 순간부터 권리에 제한을 받게 된다. 즉 비참한 상태가 되는 순간부터 학대를 받게 된다.

이제까지 우리는 (나중에 죄의식을 불러일으키는) 악을 가하는 경우를 들어보았다. 그런데 (나중에 반항을 불러일으키는) 악에게 당하는 경우도 있다. 환경이 개선되어감에 따라 노동자들의 조건은 더욱 견딜 수 없는 것이 된다. 19세기 초엽에 영국에서 발생한 자본주의로 인한 착취의 기억은 당시 이루어진 진보에 대한 기억보다 더욱 뚜렷하다.

프랑스 대혁명은 오로지 그 선두에 선 중산 계급의 위치가 향상됨에 따라 가능할 수 있었다. 그리고 튀니지에서는 편안하게 살고 있던 사헬Sahel[22]의 부르주아들이 기근으로 고통받던 남부의 유목민들보다 더 프랑스의 구속에서 벗어나지 못해 안달했다. 악이 완화되면 인간은 더더욱 이 악을 견딜 수 없게 된다. 따라서 그 필연성이 덜 절실한 만큼 반항은 더더욱 강해진다.*

* * *

그러므로 자유에 의해 악을 설명한다는 관점은 환상을 불러일으킨다. 그 핵심은 다음과 같이 요약할 수 있다.

"나는 괴로워한다. 그러므로 나는 잘못한 것이다. 나는 내가 저지른 과오 때문에 벌을 받고 있다."

누가 나를 벌하는가? 나는 어떤 과오를 범했는가? 인간은 이런 질문에 답하기를 주저하지 않는다. 벌하는 이는 자신보다 강한 누군가이며, 경우에 따라 사회 혹은 신이 될 수 있다. 일반적으로 사회란 역사의 대리인이 아닌 경우 신의 대리인과 같다. 그 종류가 수없이 많기에 우리가 범한 과오를 찾아내기란 그리 어렵지 않다. 현재에서 찾아내지 못하면 과거에서 찾아낼 수 있고, 한 개인의 과거 속에서 찾아내지 못하면 조상들의 과거에서 찾아낼 수 있다. 이런 관점에서

---

22 아프리카 사하라 사막에서 열대 지역으로 넘어가는 점이 지대로 스텝 또는 사바나 기후 지역이다.

* 위에서 인용한 모든 경우는 정신 작용의 몇몇 양상에만 관계될 뿐 원인의 정당성에 관계되는 것은 아니다. 심리적 기원은 판단 가치와는 무관하다.

우리는 "고통이 어떤 의미를 갖는가?"라는 질문에 냉정하게 답할 것이다. 이러한 질문은 아무 의미가 없다고.

* * *

그러나 만일 우리가 고통받고 있는 사람의 개인적 상황을 살펴볼 경우, 특히 '우리가 그와 똑같은 처지에 있게 될 경우' 원인과 결과의 연쇄라는 것만으로 (선과 상관되는 것으로서) 악의 존재를 설명할 수 있으리라 믿기는 힘들다. 그러므로 우리는 설명하고자 하는 것이 아니라 정당화시키고자 한다.

정당화시키는 것, 이 경우 역시 피고가 될 한 책임자를 지적하면서 설명하는 것이다. 또 그에게 자신의 과오를 인정하도록 요구함으로써 과오를 돌이킬 수 있는 방법을 제시할 수도 있고 그렇게 하도록 도울 수도 있다. 따라서 심판자는 구원자 또한 될 수 있으며, 또 (불교에 있어서) 그보다는 못하다 하더라도 깨달은 인간, 즉 각성자는 치유할 수 있는 자, 곧 정신의 치료사가 될 수 있다.

이때 선과 악은 그 비장함을 다 드러내주는, 또 이 비장함으로부터 가능한 한 논리정연한 삶의 이론을 끄집어내는 선명한 조명 아래 드러나게 된다.

악이 먼저 저질러졌고, 또한 그 악을 저지른 자에게 악이

가해졌기 때문에 악은 받아들여진다. 악을 저지른 자는 그 악을 받아들이기를 수락함으로써 악의 결과를 지워버릴 수 있고 더 훌륭해질 수도 있다. 행위의 결과인 선과 악이 서로 복잡하게 뒤엉켜 있는 실존 속에 깊숙이 빠져 있는 이 존재의 최후 상황이, 이러한 불순함이 전혀 없는 최초 상황과 비슷하기를 기원해야 한다. 그러나 최초 상황과 최후 상황에 대한 가치 평가는 인간을 구심점으로 하지 않는 세계관과의 관계에서만 의미가 있다. 낙관주의와 비관주의는 전능한 신이나 그에 상당하는 존재를 변호하거나 공격해야 할 경우에만 생겨난다.

II

이제 우리는 자유를 다른 관점에서, 즉 악의 **원인**으로서, 따라서 비난할 만한 것으로서의(그런데 이런 개념은 보편성이라는 측면에서 볼 때에는 상당한 비판의 여지가 있다) 자유가 아니라 스콜라 학파 학자들이 '양자 가운데 하나를 자유롭게 선택하는 능력'이라 말했던 지고한 능력으로서의 자유를 고찰해보자. 이때 우리는 도스토예프스키의 작품『지하 생활자의 수기』(이하『수기』로 줄임)를 통해 완전히 의식적인 악의 **의지**로서 나타나는 자유가 악의 존재를 더 잘 정당화시키지는 못한다는 것을 알게 될 것이다. 자유란 그 자체로서는 최고의 선이 아니며, 그것으로써 악의 존재를 지워버릴 수는 없다.

이 『수기』의 주인공은 도스토예프스키의 다른 어떤 주인공들보다도 더 작가와 가깝다. 동시에 도스토예프스키는 이 인물을 통해 한 전형적인 인간을 만들어냈다. 그 인간의 주요 특성들이 생겨나게 된 근본 원인들에 대해 자문하기 이전에 우선 그 특성들을 살펴보는 것이 적합할 것이다.

우선 도스토예프스키가 머리말에서 주장하고 있는 말을 주목해보자.

이 『수기』를 써나간 주인공과 같은 인물들이 우리 사회에 존재할 수 있을 뿐 아니라 존재해야 한다. 작가는 대중에게 최근 한 시대의 성격 가운데 하나를 보여주고자 하는데, 이는 사라져가고 있는 세대의 전형들 중 하나다.

그래서 작가는 작품 첫 부분에서 널리 알려진 한 인간 유형을 뚜렷하게 강조하여 우리에게 그려 보이려 했으며, 2부에서는 주인공인 '필자'의 삶에서 벌어진 몇몇 두드러지는 사건들 얘기가, 즉 그의 진정한 『수기』가 이어지고 있다.

이 인간 유형은 처음부터 두 가지 특징 아래 표현되는데

이 두 특징은 병렬 상태로 놓여 많은 것을 시사하고 있다. 이 작품은 "나는 병자다. 나는 나쁜 놈이다"라는 말로 시작된다. 다시 말해 나는 불행하고 나쁜 사람이라는 것이다. 그런데 도스토예프스키의 모든 작품 속에서 우리는 불행한 인간이 그가 나쁘기 때문에 불행한지, 아니면 그가 불행하기 때문에 나쁜지 자문해볼 수 있다. 그런데 이 병렬 상태는 단지 외형적으로만 그러할 뿐이다. 사실상 두 표현 사이에는 상호적인 인과 관계가 있다.

『죄와 벌』에는 한 등장인물이 내뱉는 불경스런 욕설을 들은 다음 다른 등장인물이 다음과 같이 외치는 아주 감동적인 장면이 있다.

넌 참 불행하기도 하군! 하나님의 형상대로 지어졌기에 본래 선한 본성을 이렇게 망쳐버리는 것이 바로 불행이야. 하지만 인간의 불행을 배가시키는 것 또한 일단 한 번 획득된(이렇게 말할 수 있다면) 바로 그 사악함이야.

이 작품 『수기』에서 '나'라고 말하는 자는 결코 벗어날 수 없는 이러한 순환의 내부에서 발버둥치고 있다. 모든 탈출 시도는 오로지 그의 고통을 배가시키고 그의 감옥을 좁힐 뿐이다.

그런데 이러한 변증법적 진행은 도스토예프스키의 모든 작품에 공통된다고 말할 수 있다. 『수기』에서 주인공을 맡고 있는 이 옹색한 말단 관리가 왜 다른 사람들뿐 아니라 자기 자신과 이 세계에 대해서도 견딜 수 없을 정도로 역정을 내게 되었는지 그 이유를 생각해보아야 할 것이다.

도스토예프스키는 다음과 같이 몇몇 동시대인들을 겨냥해 분명하게 지적하고 있다. 즉 그들은 너무나 개명한 인간들로 그 시대의 '말할 나위 없이 훌륭한' 사람들, 때로는 세련된 사람들이다. 이 세련됨은 아틸라Attila[23]와 코사크의 기병대장 스티엔카 라진느Stienka Razine[24] 같은 야만인들은 갖고 있지 않는 위선을 지닌 모든 퇴폐의 근원이라는 것이다.

인간들을 우스꽝스럽고 비겁하고 비굴하게 만드는 것, 그리고 자기 자신을 구경거리가 되도록, 또 자기 혼자 당하고 있는 것이 억울해서 다른 사람들도 그러한 고통을 겪도록 만드는 것이 바로 교육이다. '지식인'은 지나친 의식 때문에 괴로워하며 또 마비된다. 반대로 행동적 인간은 더할 나위 없이 '즉각적인 인간'이다. 그 어떤 것도 그의 본능과 그의 행위 사이에 개입되지 않는다.

---

[23] 훈노족의 왕(395~453)으로 잔인한 인물의 전형처럼 여겨진다.
[24] 코사크족의 우두머리(1630~71)로 1667~70년 사이에 일어난 반란을 주도했다.

도스토예프스키가 자신의 머리만을 믿는 인간을 비난하는 것은 이것이 처음도 마지막도 아니다. 이반 카라마조프에 대해서는 도덕적 질책까지 하게 된다. 도스토예프스키는 "모든 의식은 질병이다"라고 말하기까지 한다. 의식한다는 것은 그 결과로 무기력 '즉 의식적인 비非활동'을 갖기 때문이다.

즉 인간이 행동할 수 있을 때, 그때 그는 자신이 무엇을 하는지 무엇을 생각하는지 의식하지 못하며 마치 짐승과 같이 산다는 것이다. 그렇지 않고 인간이 심사숙고하게 될 때, 그는 끝도 없이 펼쳐지는 원인과 결과의 연쇄를 보게 되고 모든 것이 자연적인 필연성에 따라 일어나는 것임을 이해하게 되므로, 그에게는 스스로 무언가를 행해야 할 어떤 이유도 사라지게 되고 그는 더 이상 선도 악도 믿지 않게 된다는 것이다.

이처럼 보편적인 결정론이라는 의식을 갖고 있는 인간은 그 어떤 것도, '악한뿐 아니라 비열한 인간도, 정직한 인간도, 영웅도, 개구쟁이도' 될 수 없다. 결국 "19세기의 인간이란 정신적인 측면에서 아무런 특징도 없는 피조물로 간주되며, 특징 있는 인간, 즉 행동적 인간이란 편협한 피조물임이" 틀림없다.

바로 이것이 『수기』를 쓰는 필자가 곧바로 봉착하게 되는 모순이다. 19세기 인간이 신의 섭리에 따른 이 세상 질서에 대한 믿음으로부터 운명적 질서라는 확실성(아니면 이른바 확실성이라는 것)으로 전이하게 되었을 때, 그 인간이 겪게 되는 악을 그보다 더 정확하게 진단한 사람은 아무도 없다. 도스토예프스키가 '의식'이라고 쓸 때 말하고자 하는 것이 바로 그것이다. 다시 말해 이는 맹목적인, 말하자면 '부조리한' 세계 속에서 인간이 갖게 되는 자신의 전적인 무력함에 대한 의식이다(이는 카뮈의 『이방인』이 처한 상황과 동일하다).

그런데 자연이 인간에 가하는 이 압박에 대해 반항심이 폭발한다. 도스토예프스키의 비관주의는 그와 똑같은 사실을 확인하면서 단지 서글픈 절망만을 끌어내고 있는 레오파르디Leopardi[25]의 비관주의처럼 수동적이지 않다.

> 난 알지, 자연이 귀머거리요
> 동정할 줄도 모른다는 것을
> 결코 선善을 바란 적이 없이
> 오직 살아남기만을 바란다는 것을.

그러나 이 반항은 모순적인 양상을 띤다. 도스토예프스키는 모든 전통적인 예지로움이 보여주었던 것과는 반대로

---

[25] 이탈리아의 시인(1798~1837). 어릴 때부터 겪은 잦은 병치레와 실연 등의 영향을 받았으며, 탁월한 염세 시인의 면모를 보였다.

자연과 이성의 법칙들 자체에 대해서도 격노한다.

　　제기랄, 무슨 이유에서인가 자연 법칙과 산수 법칙 들이, 또 '둘 더하기 둘은 넷'이란 수식이 내 마음에 들지 않을 경우, 이 법칙들이 내게 무슨 소용 있단 말인가? 물론 내 이마로 이 벽을 무너뜨릴 수는 없을 것이다. 하지만 나는 그것이 돌로 된 벽이고 내게 힘이 부족하다는 이유만으로 포기하지는 않을 것이다.

　이처럼 격렬한 단언은 독자들을(오히려 '듣고 있는 사람들을'이라고 해야 할 것이다. 도스토예프스키는 여기서 직접적인 어조를 쓰고 있어서, 마치 길에서 만난 사람이 달아날까 봐 팔을 붙잡고 이야기하듯 읽는 사람에게 말하고 있기 때문이다) 놀라게 하는데, 이 놀라움은 열광하게 할 뿐만 아니라 대수롭지 않다는 듯 어깨를 으쓱거리게 만들기도 할 것이다.
　모든 것은 인간을 어떻게 정의하느냐에 달려 있다. 인간이란 '피아노 건반'이나 '파이프 오르간의 진동관'처럼 여타 사물들 가운데 하나의 사물에 불과한 걸까? 다시 말해 그가 스스로 사용하고자 만든 것들과 똑같은 도구 가운데 하나일 뿐일까? 우주를 지배하는 '섭리'가 있다고 믿는 스토아 학파 학자들은 이런 해석에 대해 전혀 문제 삼지 않았을 것이다.

또한 가차없는 자연 법칙들을 창조한 창조주로서의 신과 인류 구원자로서의 신 사이에서 어떠한 충돌 지점도 생각지 않는 몇몇 기독교인들 역시 그러할 것이다.

그러나 존재의 본질에 관해 숙고했던 우리의 수많은 동시대인들이나 도스토예프스키에게 있어서 이는 전혀 다른 문제였다. 그리고 얼핏 보기에 언어 도단인 듯한 도스토예프스키의 "둘 더하기 둘은 넷, 그것은 더 이상 삶이 아니라 죽음의 시작이다"라는 표현은 더 이상 충격적인 것이 아니다. 특히 이 말이 도스토예프스키가 인간의 고유한 특성이란 추구하고 발견하고자 하는 것이지 찾아내어 이용하고자 하는 것이 아님을 보여주고 있는 문맥 속에서 읽힐 때는 더더욱 그러하다.

이는 『팡세』의 '유희'에 대한 구절을 생각나게 하는 진정 파스칼적인 구절이다. 인간은 어떤 대가를 치르고서라도 독립적이고자 하며, 필요하다면 자신의 이성뿐 아니라 자신의 이익을 거스르는 행동을 할 것이다. 그런데 도스토예프스키는 인간의 이러한 태도를 칭찬하고 있다. 이는 고대 그리스로부터 내려온 위대한 전통, 즉 인간이란 오직 선만을 희구할 수 있으며, 악을 선으로 생각하는 것은 단지 착각일 뿐이라고 설명하는 그 전통과는 그 얼마나 거리가 먼가!

『수기』가 출판되기 9년 전에 죽은 키에르케고르가 이미 실존적인 것과 비합리적인 것에 대한 권리를 주장했으며, 역사 기록에서 그리스도의 강생이 형성하던 역설에 대한 믿음 그리고 돌이킬 수 없이 지나가버린 듯 보였던 것이 반복된다는 믿음을 이미 단언했다는 사실을 기억하자.

같은 시기에 르키에Lequier[26] 역시 절대적인 결정론에 의해 인간에게 이미 결정된 것처럼 보였던 조건에 대항한 '전 존재의 반항'을 강조했다. 그는 도스토예프스키와 유사한 어휘들로 이성이란 단지 이성일 따름이며 이치를 따지는 인간 능력만 만족시킬 뿐인 데 반해 의지란 인간 삶 전체의 표명이라고 말했다.

빈정대는 식으로 표현된, 그러나 언제나 웅변적이며 때로는 숭고하기까지도 했던 도스토예프스키의 이 위대한 사상은 **확실성에 대한 투쟁**La Lutte contre les évidences이란 제목으로 매우 훌륭하게 요약된 체스토프 철학의 기본 테마를 탄생시켰다. 예를 들면 그는 산수란 인간에 의해 만들어진 이상 세계에서만 힘이 있다는 것, 또 현실 세계에서는 그 서열이 전혀 다르다는 사실을 뚜렷이 드러내고 있다. 즉 현실 세계에서 작은 것으로 여겨지는 것이 이상 세계에서는 큰 것으로 여겨지며, 법칙들도 현실 세계에서는 달라진다는 것, 때로는 전혀 법칙이 문제되지 않을 수도 있다는 것이다.

[26] 프랑스의 철학자(1814~62)로 프랑스 신비판철학의 선구자였다.

체스토프는 그리스의 지혜와 유대의 예언주의를 대립시키고 있다. 전자는 법이 통치하는 필연성의 영역인 데 반해 후자는 은총이 지배하는 기적의 영역인 것이다. 아테네에 대항하여 예루살렘이 일어나고, 데카르트에 대항하여 파스칼이, 헤겔에 대항하여 키에르케고르가 일어난다. 체스토프는 『비극의 철학 Philosophie de la tragédie』이라는 저서에서 바로 그 비극의 철학을 다루면서, 이른바 숙명이라는 데 굴복하지 않으려 한 사상가였던 도스토예프스키와 니체에 대해서 연구했다.

그러나 체스토프는 자연과 이성, 정의가 인간 앞에 드리우는 이 끔찍한 장애물들을 가볍게 한쪽 옆으로 던져버림으로써 도스토예프스키보다 훨씬 더 극단으로 나아가고 있는 듯하다. 도스토예프스키는 장애물에 대항하는 바로 그 순간 그 장애물들을 뛰어넘을 수 없다는 사실, 그리고 그 장애물들이 영원히 다시 생성된다는 사실을 생생하게 느끼고 있었다. 이런 관점에서 볼 때 그는 오히려 다음과 같이 쓰고 있는 파스칼과 유사하다.

생각하면 하나님과 자연의 모든 율법들을 버린 뒤 자기 스스로 법률을 만들고 거기에 엄격히 복종하는 사람이 이 세상에 있다는 것은 기묘한 일이다. 이를테면 마호

메트의 병사들, 도적들, 이교도들이 그렇고 논리학자들도 마찬가지다. 그들이 그렇게나 정당하고 신성한 한계를 훌쩍 뛰어넘는 것을 보면 그들의 방종에는 아무런 한도나 한계가 없지 않나 하는 생각이 든다.*

어쨌든 도스토예프스키는 인간을 하나의 **자연적** 존재로 보며 **다른 것들과 똑같은 하나의 동물**로 취급하고자 하는 당시의 지배적인 사상인 실증주의를 강력히 거부하고 있다. 그러나 자연주의적 인류학을 주장하고 있던 체르니체브스키 Tchernychevski, 라브로브 Lavrov, 카베린느 Kaveline, 미카일로브스키 Mikailovski[27] 같은 사람들에 대해서는 자기 작품 속에서 그리 냉소를 보내지 않았다.

그에 의하면 인간 존재란 이 세상 다른 모든 것에 비해 근본적인 새로움을 갖는다. 그것은 바로 자유에 대한 열정이 내포된 자유로, 『수기』를 쓰는 필자의 독특한 어조를 형성하는 것은 바로 이 열정적 독설이다. 그 누구도 도스토예프스키만큼 이를 명백하게 드러내 보이지 못했다. 인간은 자유로운 존재가 아니라 자유에 처해졌으며, 오로지 그 자유에 의

---

* 파스칼, 『팡세』.
27 차례대로 19세기 말엽과 20세기 초엽 러시아의 철학자, 혁명가, 사회학자, 소설가.

해서만 가치를 갖게 된다는 사상을 핵심으로 삼고 있는 실존주의 철학자들조차도 마찬가지다.

도스토예프스키는 이에 덧붙일 것이다. 인간은 때로는 고통과 죽음으로써 그 값을 치르더라도 자신의 본성 자체인 이 자유를 갈구한다고.

왜냐하면 그에게는 자유를 포기하는 것은 불가능한 일이기 때문이다. 의식(달리 말해 자율적인 능력에 대한 의식)이 있다는 것이 인간에게 가장 큰 불행일지라도 상관없다. 인간은 이를 다른 어떤 만족감과도 바꾸지 않을 것이기 때문이다. 따라서 인간은 필요하다면 기쁨보다 고통을 택할 것이며, 필요하다면 궁전보다 지하실에서 사는 편을 택할 것이다.

여기서 '필요하다면'이라 말하고 있는데, 이는 도스토예프스키에 대해 초기 해설자들이 생각했던 것과는 반대로 도스토예프스키가 '고통의 종교'를 주장하지는 않기 때문이다. 그는 "지하실이 더 낫다는 것이 아니라, 더 나은 것이란 무언가 전혀 다른 어떤 것, 내가 열망하고 있는, 그러나 찾을 수 없는 무엇이다"라고 말한다. 물론 천국은 지옥보다 나으며 선은 악보다 낫다.

도스토예프스키의 사상을 마치 불행의 옹호론처럼 소개하는 것은 잘못이다. 정확히 말해 도스토예프스키는 자유 없이, 자유가 제거된 상태에서 획득된 천국이란 아무런 가치가 없다고 믿었다. 이러한 천국은 그것 없이는 더 이상 인간이라고 할 수 없는 인간의 가장 고귀한 열망을 전혀 만족시킬 수 없기 때문이다.

그런데 도스토예프스키에 있어 자유란 절대적 미확정성을 말한다(물론 이런 면에서 그는 자유 의지의 고전적인 개념에서 벗어나고 있다). 눈먼 이성은 어마어마한 능력을 가진 이 자유의 의미를 전혀 밝힐 수가 없다. 자유는 자신을 포기하기보다는 차라리 죽음에 이르는 길로 뛰어들고 말 것이다. 그러나 사랑은 이 자유를 감동시킬 수 있으며, 그때 자유는 사랑의 열광 가운데서 최고봉에 이르게 된다. 베르쟈예프 Berdiaev[28]는 이처럼 이중 방향이 가능하다는 것을 잘 보여주었다.

에프도키모프Evdokimov[29]의 표현에 의하면 서양인들은 도스토예프스키의 작품 속에서 악의 심연만을 본다. 그런데 러시아인들은 선의 심연에도 이와 똑같이 민감하다. 이는 『수기』에서 명백히 그려지지는 않았더라도 악의 심연과의 대조를 통해 암시되고 있다. 복음서적인 사랑이 이보다 더 감동적인 방식으로 표현된 작품은 흔치 않다. 사실 이때 사랑

---

28 파리로 망명한 러시아의 철학자(1874~1948). 기독교적 실존주의인 그의 사상은 인간의 자유 문제를 중점적으로 다루고 있다.
29 프랑스의 정통파 신학자(1900~70).

은 지성에 대한 전적인 포기를 수반한다. 각 존재들은 사랑을 통해 초자연적인 현실 안에 결합되어 있는 데 반해, 지성이란 단지 존재들 사이의 분리를 강조할 뿐이며, 죄인으로 하여금 자신을 그의 희생자와는 다른 존재로 생각케 하기 때문이다.

그 '주인공'은 그와 대조되는 존재와 마주하여 진정한 무언극을 하고 있다. 그는 타인 속에서 자신을 보고 있다(아니면 마찬가지 얘기지만 보고 있다고 생각한다). 그는 타락한 자신을 보고 이 타인을 증오한다. 그러나 곧 자신의 약점을 의식하고서는 실제적인 타락을 증가시킴으로써 자신의 가상적 타락(거기에 대해 보복할 수는 없다)을 정당화하려 한다.

그런데 이는 그를 비열하게 보지 않는 또다른 존재를 타락시키도록 유도한다. 모욕받는 데 대한 두려움은 남을 모욕하고자 하는 욕망을 낳게 되는데, 이 욕망은 만족되지 않은 채 도리어 가장 강한 자에게 모욕받고자 하는 욕망을 낳게 된다. 곧이어 좀더 약한 자에게 모욕을 가해야 한다고 해도 말이다.

문제는 언제나 '타인'이 '나'에게 미치는 매혹에 저항하는 것, 그리고 다른 사람들의 존재 자체에 의해 위기에 처한 자신의 자유를 구하는 것이다. 그 갈등은 영원하며 『수기』의 필자가 차례차례 사용한 사디즘과 마조히즘은 동류의 절망적인 시도들이다.

그러나 도스토예프스키의 결론은 몇몇 현대 실존주의 철학자들의 것과는 전혀 다르다. 그 갈등은 인간 존재들이 한편으로는 의식의 과도함 속에 그리고 다른 한편으로는 세상을 비추는 빛을 보지 못하는 그들의 무능력함이라는 이중성의 영역 속에 머물러 있기 때문에 단지 영원할 뿐이다. 그런데 이 세계 자체는 세상을 비추고 있는 빛을 깨닫지 못하고 있으나 인간 존재들은 감지할 수 있다.

그때 여태껏 알지 못하던 행복의 느낌이 내 가슴을 꿰뚫어 마음이 아플 지경이었다.(『유년 시절 Adolescent』 중 베르실로프의 말)

그러므로 자유는 인간의 고유한 특성일지는 몰라도 인간의 가장 고귀한 선은 아니다. 알료사의 마음처럼 순수한 마음은 너무 단순해서 이 자유를 무용지물로 만들어버리고 만다.

신성神聖의 것이 아니라 우리 인간의 것인 이 애매모호한 영역 속에서, 절대적 자유에 대한 프로메테우스적인 감정은 인간에게 자신의 불행에 대한 의식을 증가시켜 현기증을 불러온다. 아마도 이 자유에 한계가 없다는 것을 스스로에게 증명해 보이기 위해 '악'을 저지르는 것은 멋진 일이 될 것이다. 그러나 자신을 그 자유의 희생물이 되게 하는 것은 속임수에 지나지 않는다. 니체나 도스토예프스키 등이 인간을 해방시키고자 한 것이 옳았는가* 하는 것은 생각해볼 문제이다. 그런데 그것으로 인해 존재의 불행이 (우리가 이전에 암시했듯) 배가되지는 않는지를 아는 것은 또다른 문제이다.

---

* 그들은 그 시대의 '가치들'을 간직하는 동시에 그 가치들에 반대하거나 혹은 그것들을 쇄신하기 위해 공격을 가했다. 그들은 이를 훌륭하게 해나갔다.

역사의 의미 3

    2세기 전부터 유럽에서는 모든 정신을, 겉으로 보기에 가장 완고한 정신들마저도 모두 정복해버린 신앙이 널리 퍼졌다. 그것은 바로 진보에 대한 신앙이다. 우선 이 단어에 대한 정의부터 내려야겠다. 진보란 수학적인 의미에서의 전진, 즉 그 이전 숫자에 같은 숫자를 더하거나 아니면 그 숫자를 같은 숫자로 곱함으로써 형성되는 일련의 숫자들로 된 전진이 아니다. 또한 한쪽 끝에서 다른 끝으로, 한 가지 원인에서 다른 원인으로 넘어갈 때처럼 무한을 향한 진보라는 일반적인 의미에서의 진보 또한 아니며, 이미 결정된 어떤 방향을 향한 전진 또한 아니다. 그것은 한정된 분야에서 또는 사물의 총체 속에서 일어나는, 더 못한 것으로부터 더 나은 것으로의 점진적인 변형을 말한다.

    이 신앙은 콩도르세 Condorcet[30] 이래로 사실상 사물의 총체에까지 펼쳐졌으며, 따라서 사람들은 세상이 운명적으로 최상을 향해 전진하고 있다고 생각하기에 이르렀다. 그리하여 새로운 신화가 하나 형성되었는데, 이 신화는 과거에 전락의 신화가 그랬던 것과 똑같은 위용을 지니고 이제 그 자리를 차지하게 되었다. 그래서 천국은 세상의 태초 대신 이 세상 종말에 위치하게 되었다.

사실상 여기서 문제되는 것은 신화, 즉 상상력의 창조이다. 이는 (이성과 복종이 각기 한 부분을 점하고 있는) 믿음의 문제도, (객관적인 관점만을 적용하는) 인식의 문제도 아니다. 이는 하나의 신화로, 이 진보의 사상은 대중적이어서 모든 계층 속으로 침투했다.

이 같은 진보 사상은 단순하다는 사실을 인정해야 한다. 즉 내일이 어제보다 낫고 어제는 오늘보다 못하다는 식이다. 정치에 있어 결론은 사회는 필연적으로 더 나은 쪽으로 나아간다는 데 있다. 따라서 어떤 노선을 취해야 할지 선택하기는 쉽다. 사람들이 더 못한 것을 선택할 것인가? 그렇지 않다. 게다가 더 못한 것은 이미 과거에 속한다. 그러므로 가장 최근의, 가장 '앞선' 노선, 즉 **역사**라는 일방 통행로로 전진하는 편을 택해야 할 것이다.

지식인들에게 있어서 이 신화는 헤겔의 체계 덕택에 좀

---

30 프랑스의 철학자, 수학자 겸 정치가(1743~94). 역사적 발전에 관해 낙관주의를 표명했으며, 인류의 무한한 진보를 믿었다.

더 합리적인 방식으로 구성되었다. 즉 여기서 **자연**이란 **정신**에 합체되어 있으며 **정신**은 **역사**에 합체되어 있다. 더 이상 '최후의 심판'이란 없으며 심판은 시간이 흐름에 따라 행해진다. 이 얼마나 확신에 찬 사상이며 안전하게 보장된 행동인가!

전쟁이 계속 이어질 수도 폭정이 지속될 수도 있으나 이제 이는 별로 중요하지 않다. 전쟁과 폭정 들은 위대한 저서 『세계 역사 서설 Discours de l'histoire universelle』에 기록되어 있으며, 이 책은 내부에 그 정당성을 내포하고 있다. 또한 설득으로 역사의 순탄한 전개가 충분히 이루어지지 않을 경우 폭력이 이를 도와주어야 한다는 것이다.

그런데 이 같은 역사에 대한 낙관적 관점은 결국에는 비관주의를 불러일으키고, 또 유지하게 한다. 이 비관주의는 현실의 인간이 정신적으로 유리될 때 생겨나며, 존재의 본질에 대해 숙고하게 될 때 더욱 악화된다. 그리고 더 나은 세계를 세우기 위해 행해진 폭력이 도리어 그 폭력 자체를 적대시하게 되고, 마침내 이 폭력은 보편화된 불의에 의해 기존의 문명을 파괴함으로써 소멸시킨다는 사실 때문에 이러한 비관주의는 비극적인 성격을 띠게 된다.

에덴 동산을 향해 떠났건만 지옥에 이르고 만 것이다. 또한 유화적인 태도를 취하고자 했으나 폭력을 행사하게 되고,

힘의 체제에 이르게 되고, 이는 다시금 공포의 체제로 대체된다. "사형 집행인 외에 더 나은 방어 수단을 알지 못하는 이 사회는 그 얼마나 비참한가!"라고 쓴 마르크스가 옳았다.

알베르 카뮈는 『반항인』에서 이 과정을 완벽하게 묘사했다. 그런데 사람들은 혁명적인 결론이 결여된 반항은 효력도 쓸모도 없다고 그에게 반박했다. 카뮈도 그 사실을 인정하고 있다. 그러나 그는 다른 한편으로 반항 정신, 즉 정의라는 이상에 의해 더 이상 고무되지 않는 혁명은 자기 자신의 기반을 침식해 들어갈 위험이 있다는 점을 드러내 보였다. 이는 플라톤이 말했듯이 힘을 얻기 위해 먹은 것이 소화되지 않게 하는 식충이 같은 인간과 마찬가지다.

그러므로 역사적 낙관주의는 비관주의를 낳는다. 분석이 우울한 쾌락으로 이끈다면 폭력은 허무주의로 이끌게 되며, 또 사람들이 임의로 그 흐름을 단정짓는 신격화된 역사라는 이름 아래 모든 가치들을 부정하게 만든다.

물론 폭력적인 수단이라고 해서 모두 완벽하게 매도당해야 하는 것은 아니다. 그리스도마저도 다음과 같이 말했다.

"나는 이 세상에 불을 지르러 왔다. 그렇다면 이 불이 타오르는 것 말고 내가 무엇을 원하겠느냐?"

이념에는 인간이 지닌 절제가 존재하지 않으며, 이는 인간들로 하여금 본의 아니게 강경해질 것을 강요한다. 권력도 마찬가지다(생 쥐스트는 "그 누구도 죄를 짓지 않고서는 지배하지 못한다"고 말했다). 지난 세기의 법규에서 우리는 '제왕들의 지고한 논리'라는 명구를 보게 된다. 불행히도 이 **지고한 논리**는 즉시 **기상천외한 광기**로 변하고 만다. 그리고 어떤 가치를 강요하겠다는 격렬한 의지를 표명하는 폭력은 분명 그 목표에 도달할 수 있을 것이다.

그러나 폭력이 멈출 수 없게 되는 경우가 있다. 그때 이 폭력은 계속 자신의 흐름을 따라가면서 스스로 세우고자 했던 가치를 파괴하게 된다. 그 폭력은 정의를 이루고자 하나 불의 속에 고착되고 만다. 폭력은 그 자체로서 가증스러울 뿐만 아니라 또한 부조리한 방식으로 그 스스로를 부인한다. 이것이 바로 폭력이 악을 정당화할 수 있다는 모든 가능성을 용납하지 않는 이유이다.

＊　＊　＊

과학과 행동이 거둔 성공으로 말미암아 점차 커지게 된 진보에 대한 신앙은 그것이 폭력으로 뛰어넘고자 했던 어떤 장애물에 부딪치는 순간 힘에 대한 의지로 변형되었다. 그러나 이 신앙은 또한 정신과 자연이라는 개념에 근거를 두고 있는데, 이 개념을 헤겔은 변증법이라 부른다. 이는 사고의 전개가 존재의 발전에 부합하는 것이므로 '법칙들에 부합하고

자 하는, 사고의 본질에 고유한 과학적 응용'이라는 것이다.

이렇게 파악된 변증법이란 단순한 부정否定일 뿐인 회의주의나, 겉보기에 서로 모순되는 점들을 동시에 이용하는 기술과도 전혀 무관하다. 그것은 '오성悟性의 결정들과 사물들, 그리고 일반적으로 유한有限이 갖고 있는 고유한 본질'이다. 이 변증법적 순간이란 '이미 끝난 결정들을 그들 스스로에 의해 한쪽 옆으로 밀쳐두는 것, 그리고 또 그 반대쪽 항으로 그들이 이동하는 것'*이다. 이 모순들은 서로 분리할 수 없는 것으로 그들의 결합 원칙은 상위 범주에서 밝혀진다.

헤겔의 체계 속에서 악을, 특히 죽음을 고찰할 수 있는 것은 바로 이러한 관점에서이다. 변증법은 죽음을 단지 **필요한 것**으로 보게 할 뿐만 아니라 **정당한 것**으로 보게 한다.

우선 우리가 지금 악의 이름 아래 나열하고 있는 모든 것은 단지 자의식에서 유래할 뿐이다.

자의식이란 그의 특수성을 일반적인 것 위에 두는 가능성이며(그 결과 도덕성과 악은 자아에 대한 확신 속에 공통되는 근원을 갖는다) 형식적인 주관성이다. 그런데 분열에 대한 이 첫 번째 관점은 명백히 드러나야 한다(바로

---

* 헤겔, 『철학 백과사전 Encyclopédie』.

그것이 인간과 동물을 구별하기 때문이다). 그러나 그 관점은 극복되어야 한다(왜냐하면 특수성이 본질적인 것으로 받아들여져서는 안 되기 때문이다).*

그러므로 악은 선과 마찬가지로 분리로서의 의식 속에 그 근원을 가진다. 달리 어쩔 도리가 없으며 이를 나쁜 것이라 말할 수도 없다. 존재의 가장 하급 수준에 머무르지 않으려면, 그리고 삶의 수준과 정신의 수준으로 오르려면 악에 동의해야 한다.

악이란 특히 삶과 '정신'의 세계 속에서 존재가 당위적 존재에 결코 도달하지 못하는 불일치를 말한다. 이 부정성 否定性들, 즉 주관성과 자아, 자유란 악과 고통의 원칙인 것이다.**

그러므로 원죄 역시 자유의 표시일 것이다.
따라서 부정적인 것을 두려워하지 말자. 우리는 바로 그것에 의해 정상에 도달할 수 있기 때문이다.

---

* 헤겔, 『법철학 Philosophie du droit』.
** 『철학 백과사전』.

그리하여 죽음이란(이 비현실을 우리가 이렇게 명명한다면) 가장 두려운 사실이며, 죽은 것을 단단히 휘어잡는다는 것은 가장 큰 힘을 요하는 것이다. (…) 정신의 삶이란 죽음 앞에서 공포에 사로잡혀 뒷걸음치며 파괴로부터 아무 상처도 받지 않고 자신을 지키는 삶이 아니라 죽음을 지니고 있는, 따라서 죽음 자체 속에서 유지되는 삶을 말한다. 정신이란 절대적인 고통 속에서 자기 자신을 되찾게 될 때만이 자신의 진실을 정복할 수 있다.*

통속적으로 말해 선과 악의 필수적인 혼합은 헤겔에 의해 강조되었다. 그는 선과 악이 단독으로 존재할 수 없으며 그 하나는 다른 하나의 조건이 된다는 사실, 나아가 이러한 상호 관계를 의식하는 것이 진보의 한 요소가 된다는 사실을 주장하고 있다.

헤겔에 대한 권위 있는 해설로 유명한 어떤 사람은** 삶과 그의 이타성을 간직해야 하는 동시에 또한 죽음을 내재화시킴으로써 이 이타성을 부인해야 한다고 썼다. 죽음이란 인간을 자유롭게 하는 부정성否定性이다. 그것을 의식한다는 것, 그것은 바로 부정적인 것을 존재로 변화시키는 것이다.

* 헤겔, 『정신현상학 Phénoméndogie』.
** 이폴리트 Hyppolite, 『마르크스와 헤겔 연구 Études sur Marx et Hegel』.

이러한 개념은 신중한 의식이 지니는 치유 불가능한 이중성을 드러낸다.

반면 악의 문제란 단순히 충동적인 의식에 의해 제기된다. 왜 부재不在가 존재하며 왜 고통과 과오가 존재하는가? 북극의 강이 겨울에 빙하를 휩쓸고 가듯이 있는 그대로의 삶이란 기쁨과 고통을 뒤죽박죽이 된 채로 휩쓸고 간다. 그 분류는 단지 최초로 삶을 의식하는 바로 그 순간에 이루어질 뿐이다.

그러므로 헤겔이 말했던 것처럼 "삶에 대한 의식은 곧 삶의 불행에 대한 의식"*이다. 바로 그 순간 우리는 더 이상 단순한 '삶'이 아닌 '실존'에 대해 말할 수 있다. 실존한다는 것, 그것은 삶의 개별적인 형태들을 부인하는 것이며 삶을 총체로서 사랑하는 것이다. 따라서 산다는 사실이 야기하는 모든 위험을 받아들이는 것이며, 자의식이 존재 그 자체와는 근본적으로 다르다는 사실을 인정하는 것이다. 왜냐하면 자의식이란 순수한 대자적 존재이기 때문이다.

더 많은 인용구들을 나열할 필요도 없을 것이다. 그 정도로 헤겔의 저서들은 그 자신, 그리고 그의 제자와 해설자 들에 의해 잘 알려져 있기 때문이다. 여기서 우리가 기억해두

---

* 『정신현상학』.

고자 하는 것은 부정적인 것은 긍정적인 것과 불가분의 관계에 있다는 사실로, 바로 이 책 제1부에서 밝히고자 했던 내용이다.

따라서 헤겔은 다음 세 단계를 연속적으로 뛰어넘을 수 있다고 말한다. 우선 일차원적으로 사는 것, 다음으로 삶을 의식하는 것(이는 악의 문제를 제기하는 것이다), 마지막으로 실존을 받아들이는 것(이는 악의 문제를 해결하는 것이다. 왜냐하면 실존이란 삶과는 다른 차원에 있다는 사실을 완전히 이해하는 것이므로)이다.

그러나 더할 나위 없이 당연해 보이는 이러한 관점은 설명을 해줄 수 있을 뿐 정당화를 시키지는 못하는 듯하다. 그리고 이 설명과 정당화 사이에는 무한한 거리가 있어서 그 무엇으로도 이를 메울 수 있을 것 같지가 않다. 이것이 바로 최상의 시금석이 될 만한 현상인 **전쟁**에 대한 헤겔의 사상에서 엿볼 수 있는 것이다.

자의식들 사이에서 일어나는 투쟁은 그 의식들이 자신들의 존재를 증명하기 위해, 또 그들의 '대자對自'를 분명히 드러내기 위해 필수 불가결하다.

인간은 죽음을 무릅쓸 때만이 자유를 유지할 수 있다. 또 자의식의 본질이란 **존재**가 아니며, 자의식이 그 속에

맨 먼저 나타나는 즉각적인 양상도, 삶의 팽창 속으로의 함몰도 아니라는 것을 증명하게 된다. 오히려 이런 위험을 통해 우리는 자의식 속에서는 현재의 모든 것이 그에게는 결국 소멸해가는 순간이라는 것을 증명하게 되며, 또 자의식이란 단지 **순수한 대자적 존재**라는 것을 증명하게 된다.*

그러므로 각 개인은 단지 법률상 인격뿐 아니라 진정한 인간으로 인정받기 위해 죽음을 무릅써야 한다. 동시에 타인의 죽음에서는 상대의 주체가 그를 승인할 수 없게 되므로 그는 분명 손해를 볼 것이다. 타인이란 그에게 있어서는 그 자신보다 더 소중한 것이 아니기 때문이다.

그러나 이 투쟁은 그것이 아무리 필수적이라 하더라도 투쟁의 주인공들인 개개인을 깨우쳐주지는 못한다. 그들은 단지 서로서로를 제거하게 될 뿐 제거에서 살아남을 수도 없고 그것을 억제할 수도 없다. 그러므로 헤겔의 관점에서 볼 때 현 단계에서는 이 투쟁에 대해 정당화를 할 길이 없다.

그런데 또다른 단계에서는 그 정당화가 있을 수 있다. 그것은 신의 법칙과 인간의 법칙이 나타나고 이 두 법칙 속

* 『정신현상학』.

에서 어떤 움직임이 형성될 때의 '윤리적 세계'라는 단계이다. 즉 인간 사회 내부에서는 때로는 정신적 실체의 지배 속에서 수축 현상이, 때로는 다양한 결합 형태인 '개별적 체계들' 속에서 팽창 현상 등이 나타난다. 그런데 이 다양한 결합 형태들은 고립되는 경향이 있다.

    그 결합 형태들이 이 고립 속에 뿌리박고 경화되도록 내버려두지 않기 위해, 즉 전체가 붕괴되고 그 정신이 증발하도록 내버려두지 않기 위해 정부는 때때로 전쟁을 통해 그들을 내적으로 흔들어놓아야 한다. 정부는 전쟁을 통해 습관화되고 있는 그들의 질서를 흐트러뜨려 놓아야 하며 독립을 주장하는 그들의 권리를 침해해야 한다.
  이는 각 개인들 역시 이러한 질서 속으로 침잠함으로써 모든 것으로부터 분리된 채 침해할 수 없는 **대자적 존재**와 자신의 안전을 희구하게 될 때 정부가 이 부과된 작업을 통해 그들의 주인, 즉 죽음을 느낄 기회를 주도록 해야 하는 것과 마찬가지이다. 이렇게 실체로부터 형태가 분리됨으로써 정신은 윤리적 존재와는 거리가 먼 자연적 존재 속에 함몰되는 것을 억제한다. 정신은 의식의 '자아'를 보호하고 그 자아를 **자유** 속으로, 그의 **힘** 속으로 고양시킨다.*

위 인용문에서 '해야 한다'라는 의미를 가진 말이 두 번 이상 사용되었다. 이는 그 속에서 필요와 의무가 서로 혼동되고 있는 체계가 가진 커다란 특징이다. 그런데 여기서 필요와 의무는 정신이 진보해감에 따라 점점 더 높은 단계와 대응하게 되며, 또 각 단계마다 그 둘은 공생 관계를 맺고 있다는 유보 조건을 지닌다(이러한 유보 조건이란 역사적 변증법에 익숙지 않은 사람들 눈에는 핑계로밖에 보이지 않을 것이다).**

그리하여 여성성이 문제가 될 때 "딸로서의 여성은 자기 부모들이 죽는 것을 자연스러운 감동과 도덕적 체념 속에서 바라보아야 한다. 왜냐하면 그녀가 마침내 자신이 갖고 있는 가능성으로서의 **대자적 존재**에 도달하게 되는 것은 오로지 이 부모 자식 관계를 희생함으로써만 있을 수 있는 일이기 때문이다. 즉 여성이란 자신의 부모 속에서는 자신의 **대자적 존재**에 대한 직감을 적극적인 방식으로 갖지 않는다"는 것이다.

게다가 전쟁은 스스로 고양시키고자 했던 이 '도덕성'을 기어이 파괴하고야 만다. 자연의 힘, 운명의 우연성은 전쟁

---

* 『정신현상학』.
** '해야 한다'로 번역되는 독일어 'hat~zu'란 말은 이것 혹은 저것이 되어야 하는, 한 사물의 내재적인 궁극성을 표현한다.

보다 우세하게 되며, 이때 도덕성은 주관적이고 내면적인 것이 될 것이다.* 이렇게 해서 전쟁은 본래 자기 것이 아니었던 역할을 하게 된다. 전쟁은 개인을 속박하여 가둠으로써 사회적 유대를 공고히 하기 시작했으며, 이어 그 실행을 위해 필요한 개인들을 찬양한다. 이렇게 해서 도시에서 제국으로 이행이 이루어지고, 이 과정에서 개인은 자신의 고유한 세력을 펼칠 수 있게 된다. 또 이렇게 해서 '그 어떤 분열에 의해서도 변질되지 않는 이 순수한 무염의 세계'가 심연 속으로 깊이 빠져들게 된다.

그러나 이 세계에서 자의식은 (크레온에 의해 구현된) 인간적 법칙이나 (안티고네Antigone[31]에 의해 구현된) 신적 법칙을 따르게 되며, 그가 따르지 않은 나머지 한 법칙에 대해서는 전혀 알지 못하게 된다. 자의식은 행동이 완수될 때까지 그 법칙을 알지 못하며(하지만 안티고네가 이스메네에게 했던 말이 보여주듯 언제까지나 모르고 있는 것은 아니다) 따라서 이를 제거할 수도 없다. 그러므로 실증법은 영원한 도덕과 마주보고 대치하게 된다.

---

* 『정신현상학』.

31 크레온, 안티고네, 이스메네는 소포클레스의 비극『안티고네』로 유명한 그리스 신화에 나오는 인물들. 법과 질서를 지키고 정치의 책임을 관철하려는 크레온과 인위적 규범을 초월해 자신의 신념과 육친의 정을 지키려는 안티고네의 대립을 보여주고 있다.

여기서 우리는 '정신'이라는 관점에 선 역사학자에게는 그 어떤 것도 우세한 것이 아니라고 결론지을 수 있다. 그들은 비록 서로 대적하는 자들일지라도 함께 나타나서 함께 사라져간다. 선이 어디에 있으며 악이 어디에 있는가? 이는 각 가치 체계의 내부에서만 제기될 수 있는 물음이다. 이러한 적대 관계와 분열을 지켜보고 있는 증인으로서의 **우리에게는** 아무 문제가 없다. 우리는 특권을 누리고 있는 관객으로서 그 드라마를 참관하고 있으며 그것이 전부일 뿐이다.

이는 우리가 도덕의 세계에서 문화의 세계로 옮아갈 때에도 마찬가지이다. 그러나 이 두 세계는 서로가 양극단에 있는 듯하다. 전자는 내면성의 세계이며 후자는 외면성의 세계이다. 이 외면성의 세계에서 선과 악은 서로 대립하다가 한순간에 외면화된다. 그리하여 선은 국가 권력이 되며 악은 부富가 된다. 전자는 즉자卽自로서의 존재를, 후자는 대자로서의 존재를 대변한다. 그러나 (즉자인 동시에 대자인) 자의식은 부와 마찬가지로 국가 권력에 대해서도 자유롭기 때문에 때로는 부를, 때로는 국가 권력을 선으로 판단할 것을 명한다.

국가는 안전과 통일을 이루어주기 때문에 선이 되고 부는 독립성과 번영을 보장하기 때문에 선이 된다. 또한 국가 권력은 독재를 강요하기 때문에 악이 되고 부는 이기적으로 향유하게 함으로써 악이 된다(그러나 개인의 이익을 존중함으로써 모두 향유할 수 있도록 해주기도 한다). 그러므로 선은 보편성 속에, 악은 개별성 속에 있다고 단정지어 말할 수는 없다. 이는 일단 확립이 된 모든 견해들을 다시금 전복시키는, 즉자로부터 대자로의 변증법적 움직임을 전적으로 무시하는 처사일 것이다. 결국 이와 같은 문화 단계에서 악이란 반항을 통해 표현되는 비열한 의식 속에 있다(하지만 이 비열한 의식은 바로 고귀한 의식의 진실이다).

문화의 세계를 계승하는 '계몽주의' 철학은 모든 것은 그것이 **다른 사람에게** 좋은 것과 마찬가지로 그 **자체로서도** 좋다는 것을, 즉 모든 것은 유용하다는 사실을 우리에게 가르쳐준다. 게다가 인간은 선한 존재로서 다른 인간에게도 유용하다. 그는 다른 인간들을 이용하고 그들 역시 그를 이용한다. 즉 '한 손이 다른 손을 씻게 된다'.

마침내 문화와 계몽은 완성된 도덕성 속에서, 특히 '양심' 속에서 그 절정을 이룬다.

양심은 어떤 내용물도 자신에게 절대적인 것으로 인정하지 않는다. 앞서 언급한 형태들 가운데 **선**이나 **악**으로, 또 법과 권리로 제시된 모든 것은 자기 자신에 대한 즉각적인 확신과는 **다른 것**이다. (…) **양심**에 있어 자기 자신에 대한 확신이란 순수하고 직접적인 진리이다.

그러므로 이 진리는 자기 자신에 대한 직접적인, 그리고 내용으로서 표현된 확신이다.*

여기서 도덕성은 윤리적 명령보다 우세하게 된다. 그러나 이러한 감수성의 영역 안에서 모든 행동은 쉽게 정당화된다. 내가 만약 비겁하다면 그것은 나 스스로 그 내적 필연성을 느끼고 있는 신성한 의무로서 내 삶을 유지하기 위해서이며, 내가 만약 폭력적이라면 그것은 내 소유물을 증가시키기 위해서이다. 따라서 나는 내 가족을 위해서 일하며, 나는 신성한 권리를 행사한다 등등이다.

정신 세계의 서로 다른 범주를 가로지르는 이 산책에서 헤겔을 안내자로 택한 자는 결코 속지 않는다. 단테가 버질을 통해 특정 영혼을 특정 범주에 넣는 이유들을 알게 된 것과 마찬가지로, 우리는 서로 다른 '순간들' 사이에 존재하는 필수적인 연결 고리들을 파악하게 해주는 안내자의 놀라운 능력 덕택에 역사의 훌륭한 의도를 꿰뚫어 보게 된다.

특히 우리는 우리가 좀처럼 생각지 못했던 곳에서 매번 '선'과 '악'이 등장하는 것을 보게 된다. 왜냐하면 그들은 대단히 빠른 속도로 자리를 옮기기 때문이다. 그들은 서로 혼

---

* 『정신현상학』.

동되도록 옷을 바꾸어 입기까지 한다. 게다가 우리는 이를 변장이라고 할 수가 없다. 한쪽이 입은 옷은 다른 쪽이 변장을 한 모습이기 때문이다. 만약 연출자가 예술가라면 이 광경은 번개처럼 번쩍거리는 모습을 띠게 될 것이다.

설명하거나 정당화를 할 수 있는 가능성으로 되돌아오기 위해 인간 체제들의 무한한 복잡성을 설명하고자 하는 중간 단계들을 잠시 무시하고, 이 위압적인 체계의 맨 밑바닥과 꼭대기를 다시 한 번 살펴보자.

밑바닥에는 우리가 살펴보았듯이 선과 악 사이에 절대적 차이는 없다. '정신의 동물적 지배 속에서'* 모든 것은 개인적 표현의 행위이며, 따라서 모든 것은 선하다. 각 개인의 **실행**들이 있을 뿐이며 각각의 본성은 그 자체와 관련이 있을 뿐이다. 어떤 대상에게 뭔가 다른 것을 요구하게 될 **비교**의 가능성이 있다면 악은 존재하게 될 것이다. 그런데 이 경우는 그런 경우와 다르다. 모든 것은 실행일 뿐 그 어떤 것도 비교가 아니다.

결과는 다음과 같다.

그러므로 여기서는 자랑스러워하거나 슬퍼하거나 후회

---

* 『정신현상학』.

할 필요가 없다. 그러한 감정들은 개인의 원초적인 본질을 형성하는 것들과는 다른 또 하나의 **내용**과 **즉자**를 가정하는 사상으로부터 오기 때문이다.*

바로 이것이 우리가 '합리적'이라고 불렀던 관점과 그 관점으로부터 끌어내게 되는 결과를 극도로 분명하고도 명확한 어휘로 표현하고 있다.

그런데 이 체계의 또다른 극단에 '종교적인' 관점이 있다. 더 이상 전적으로 인간에 의한 것이 아닌 상위 개념에서 조명하면서 정당화를 추구하는 이 관점은 헤겔의 저서 『정신현상학』 마지막 부분에 제시되고 있다.

여기서 헤겔은 처음부터 다시 '정신'의 움직임을 다루면서 정신이란 무엇보다 우선 직접적인(혹은 자연적인) 정신이라는 것, 또 이는 대자가 되거나 그렇지 않으면 즉자 속에 갇혀야 한다는 것, 그리고 바로 이 순간이 악을 형성한다는 것을 보여주고 있다. 그러나 이는 필요한 악이며 교회에서 말하고 있듯이 '지복한 죄'이다. 왜냐하면 악에 대한 의식 자체가 됨으로써 악은 정신으로 하여금 자기 자신과 화해하게 만들기 때문이다.

* 『정신현상학』.

우리는 원죄의 개념으로, 전락에 의한 악의 정당화로 되돌아오게 된다. 이 전락이란 (가장 긍정적인 의미에서 볼 때) 동물적 순수의 상태로부터 인식의 상태로 이행함으로써 이루어진다. 그런데 그 인식은 자신이 내포하고 있는 의식적인 이중성과 자신에 대한 반성을 전제로 하고 있다. 이는 보편적인 것에 대한 개별적인 것의 승리이며, 실존은 자신이 분리되어 있음을 알고 또 그렇게 되고자 한다. 악의 본질, 그것은 타인에 대한 사고이며, 종교란 타인과 신적인 본질과의 화해이다.

이러한 주장은 일신론 신학을 범신론(혹은 무신론)의 언어로 전환시킨 것이다. 이와 같은 주장이 일신론보다 악을 그 본질 자체 속에서 더 잘 설명하고 있다고 생각해볼 수 있다. 기독교 같은 종교는 계시, 즉 이성의 외부에서 획득된, 따라서 이성은 이에 대해 어떤 개념도 가질 수 없는 인식에 호소하고 있다. 우리는 이러한 계시를 받아들일 수도 있고 거부할 수도 있다.

헤겔의 것과 같은 체계는 이 세계의 움직임을 이른바 생성 과정 속에서 내적인 방식으로 서술하고 있다고 자부한다. 그 체계는 정신의 이름으로 이를 행하는데, 이 정신이란 존재가 아니며 존재와 정반대되는 것이기조차 하다. 정신이란 자연과 로고스logos, 그리고 그들의 차이를 항상 확인하고 있는 하나의 변증법적 단위이기 때문이다. 그 결과 우연성의 역사가 필연적이 되고, 전락의 신화(그것이 하나의 신화라면)가 진리가 된다. 이러한 게르만적인 개념은 그리스인들이 우화의 영역 속으로 추방시키고 기독교인들이 합리적인 것 우위에 높여놓은 것을 곧 진정한 것의 영역으로 들어오게 한다.

    그런데 우리는 그 점에 있어 조금도 더 나아가고 있지 못하다. 우리가 막연히 믿고 있거나 상상하고 있다고 알아야 할 것을 도리어 우리가 선명히 알고 있다고 믿기에, 또 언제나 우리에게 이해할 수 없거나 언어 도단인 것처럼 보일 것을 우리가 이해하기 쉬운 명료한 흐름 속에 있는 '순간들'인 것처럼 실체화하고 있기에 우리는 차라리 후퇴를 하고 있는 것이다.

결론

악의 문제에 관해 글을 쓴 많은 사람들은 전지전능하며 동시에 무한히 선한 한 존재가 왜 악으로 하여금 우리가 익히 알고 있듯 그토록 왕성한 번창을 허락했는지 자문해왔다. 그때 신을 정당화하는 라이프니츠가 재개한 스콜라 학파 철학자들의 전통적인 해결책이 등장했다. 즉 창조된 존재가 갖는 한계점들 자체에서 유래한 필수적이고도 불가피한 악이 하나 있으며, 또 인간이 자신의 자유를 잘못 사용함으로써 인간의 의지를 그 원인으로 갖게 된 또다른 악이 있다는 것, 그래서 우리가 받고 있는 이 모든 고통은 이 두 원리 가운데 하나로부터 나온다는 것이다. 인간은 태어났기 때문에 죽게 되며(이는 불가피한 것이다), 무절제한 생활을 하기 때문에 자기 생명을 단축시킨다(이는 피할 수 있는 것이다).

여기서 우리는 어떻게 악이 존재하지 않게 될 수 있는지를 자문해보게 되며, 이는 곧 어떻게 선이 악과 분리되어 존재할 수 있는지를 자문하게 할 것이다.

우리가 살펴보았던 일반적인 세 가지 경우를 실례로 들어보자.[1]

첫째로 호의적이거나 적대적인 어떤 편견도 없이 관찰된, 있는 그대로의 상태로 파악된 자연의 경우가 있다. 그런데 여기서 선과 악은 의식을 갖고 있는 존재가 항거하는데도 마치 서로 몸체가 붙은 쌍둥이처럼 연결되어 있다.

둘째로 이성과 경험의 영역을 뛰어넘어 신앙에 도달할 수 있는 초자연적인 세계의 경우가 있다. 이는 원칙상으로는 의식이 요구하는 것들을 만족시킨다. 그러나 실제로는 고통도 과오도 막지 못하며 단지 이들에게 내세를 내세우는 종교적인 해석을 제공할 뿐이다.

셋째로 역사적 진보의 경우가 있다. 이는 자연적인 것도 초자연적인 것도 아니며, 연속적인 새로운 사실들에 따라 행동하는 이성이라고 자처한다. 여기서 악은 설명이 됨과 동시에 정당화가 된다. 즉 악은 당연히 필수적인 것으로 설명되며 위대한 진보를 위한 과정으로서 정당화된다. 그러나 이 설명은 첫 번째 경우의 설명과 똑같으며, 그 정당화는 단순히 내세를 미래로 대치함으로써 두 번째 경우처럼 신앙을 전

---

[1] 지금으로서는 괄목할 만한 도피 구실이 되고 있는 우연적 존재와 절대적 자유로 언급되었던 것을 제외한다.

제로 하게 된다.

　두 번째와 세 번째 해결책을 주장하는 자들은 어떤 열쇠를 쥐고 있으며, 첫 번째 해결책은 불충분하다는 것이 밝혀진다. 그런데 두 번째와 세 번째 해결책은 첫 번째 해결책이 교묘히 회피했던, 제시된 문제의 비극성을 잊게 할 위험이 있다는 점에서 도리어 과한 구석이 있다.

　그러므로 악의 문제는 그 어떤 방식으로든 만족스럽게 해결되지 않는다. 그리고 우리가 '미지'의 문을 여는 열쇠를 하나 선택한다 하더라도 내기를 걸지 않는 한 완벽하게 만족할 수가 없는 것이다.

　그 내기란 이 문제에 대해 인간적인 관점들을 제외시켜야 한다는 것을 뜻하지는 않는다. 우리는 이길 수 있을 것인지, 또 우리가 무엇을 얻게 될 것인지조차도 확실히 알지 못한 채 내기에 끌려들어가게 된다. 종교와 정치가 각각 신앙 행위와 선택할 노선은 소홀히 한 채 이른바 확실성을 주장하고 있다는 점에서 볼 때 그들에게는 이 필연성을 은폐하고 있다는 막대한 책임이 있다.

　이러한 측면에서 볼 때 그 어떤 것도 확실하지 않다. 그 어떤 것도 현재의 고통으로부터 우리가 좀더 나은 지점에 도달할 수 있으리라 보장해줄 수 없다. 우리의 신앙 속에는 우리가 감출 수 없는 비합리적인 면이 있다. 게다가 우리가 그

광범위한 영역과 심각성을 고발하는 것으로 시작했던 악을 너무나 쉽게 정당화시킨다.

우리는 살아 있으며, 의식적인 존재라는 사실로 인해 무감각할 수 없으므로 희망에 매달리게 되는 것을 감수해야 한다. 우리가 받아온 서양식 교육은 무기력이란 가증스러운 것이라 강조하고 있기 때문에 우리는 끊임없이 행동하게 되는 것을 감수해야 한다.

어떤 희망이며 어떤 행동일까? 우리에게 일반적인 예로 제시되는 무분별한 희망과 격한 행동이 문제가 될 수 있을까? 스펜서Spencer나 베르그송, 테야르 드 샤르댕Teihard de Chardin[2]처럼 인생에 대해 낙관적인 철학자들은 그 유용성이 증명될 수 없는 노력을 할 것을 제안한다. 인간으로 하여금 자신의 지성이 비난할 행위를 받아들이도록 강요하는 것은 부조리하다고 테야르 드 샤르댕 스스로도 인정하고 있다.

폭발 사고를 당한 광부들이 그들이 갇힌 갱도 앞부분이 막혔다고 생각한다면 당장 낙심하여 자리에 누워버릴 것이다. 이처럼 인간은(그가 인간일수록 더더욱) 이 '우

---

[2] 프랑스의 가톨릭계 신학자이면서 철학자이자 인류학자(1881~1955). 진화론이 제시하는 인간의 뛰어난 위치를 주장하면서 진화론을 인정했으며, 그 진보의 추진자로서 그리스도를 내세웠다.

주'의 하늘 꼭대기가 열려 있는지 닫혀 있는지 자문하지 않고, 즉 '인류'가 그곳을 향해 표류하고 있는 섬광이 바로 자유로운 공기로 통하는 통로를 말해주는 건지 아니면 단지 캄캄한 밤 가운데서 일어나는 순간적인 반짝임에 불과한지 알고자 하는 결정적인 물음(신뢰의 물음)을 스스로 제기하지 않고, 단지 '진화'가 이끄는 대로 그처럼 극도로 지성화되는 일을 더 이상 지속할 수 없을 것이다. 단언컨대 그 경우 우리에게는 자연에 대해 파업하고 그만 멈춰 서는 일밖에 더 이상 할 일이 남아 있지 않을 것이다.[*]

그렇다면 쇼펜하우어의 견해가 훨씬 더 타당할 것으로 보인다. 생의 이 끊임없는 약동, 이 욕망의 급류, 이것이 끊임없이 장애물에 부딪쳐 매번 다시 추락하고 만다면 이는 도대체 무슨 소용이 있으며 무엇을 의미하는가? 개인의 운명에 대한 고찰에서 나온 비관주의는 아무런 논쟁 없이도 '전체' 혹은 '유일자'에 대한 고찰에서 태어난 낙관주의보다 우세하다.[**]

---

[*] 테야르 드 샤르댕, 『인간의 출현 L'Apparition de l'homme』(쇠이유 출판사, 1956).
[**] 테야르 드 샤르댕 신부의 신앙이 인간과 가까운 한 신에 대한 신앙이며 신격화된 진보에 대한 것이 아니라면, 우리는 그의 신앙에 동감할 수 있다.

이 시론 첫 부분에서 우리가 선과 악의 분리될 수 없는 결합을 확인함으로써 이 둘을 함께 받아들이거나 거부해야 한다고 말했을 때, 우리는 사물의 본질에 의해 우리가 처하게 된 이 선택하지 못하는 불가능성이 갖는 잔인함을 동시에 느꼈다.

겉보기에 가장 영웅적인 태도란 미분화된 '중성中性'이 되기 위해 인간적인 천성에서 탈피함으로써 완전한 무관심의 단계에 도달하게 될 주의와 주장에 가담하는 것인 듯하다. 이 중성에 대해 (신학자들이 말하는 신에 대해서보다 훨씬 더 정확하게) 우리는 다음과 같이 말할 수 있을 것이다. 그것은 "인간을 초월하는, 따라서 인간들이 상상조차 하지 못하는 그 무엇으로, 인간들은 그에게 호소를 하지만 어떤 대답도 듣지 못한다"고.*

그런데 우리는 이 사실 때문에 놀라서는 안 된다. 왜냐하면 질문을 받은 대상의 본질 자체가 대답 없이 존재하는 것이며, 또 거기에 대답이 없다는 사실을 인간이 이해하는 순간부터 인간에게는 평화가 깃들기 때문이다. 이 순간까지 인간은 그 대답을 찾아다니며 괴로워했는데, 더 이상 찾아야 할 것이 없는 이 순간부터 그는 더는 괴로워하지 않아도 되

---

* 알베르 카뮈, 『페스트』의 마지막 부분.

기 때문이다.

그러나 이러한 태도는 그것이 인간의 욕망을 도외시하고 있으며, 실존을 무無 속으로 삼켜버림으로써 완성을 이루게 하는 대신 공백을 만든다는 사실로 인해 **불완전한** 하나의 **절대자**를 주장하고 있는 것처럼 나타난다. 약점을 고려하지 않은 주장은 그것이 숭고하다 할지라도 만족스러운 것은 아니다. **우리가 모르긴 하지만** 사실상 인간의 약점이란 것이 어떤 의미를 갖지는 않는지 자문해보아야 한다.

스토아 학파에서 말하는 현자의 '무념 무상'이라는 주장은 마치 다른 방도가 없다는 듯이, 제1부에서 말한 비인간적 이성의 논리나 제2부의 종교적 해석도 포함하고 있지 않는 이웃과 현재에 대해 호소하고 있기 때문에, 인간의 약점이 의미가 있다는 그런 주장은 더더욱 많은 지지를 받을 수 있다. 이 무위 자체는 인간을 둘러싸고 있는 것, 그가 몸담고 있는 것에 대한 하나의 능동적인 수동성 외에 아무것도 아니다.

그런데 만약 우리 사고思考의 대상이며 우리 존재의 지주인 그 '절대자'가 우리와 어떤 관계를 갖고 있다면? 이제까지는 단지 창조주로서, 그래서 당연히 어느 정도는 악과 죽음에 책임이 있는 신이 문제되었을 뿐, 결코 인간의 운명을 함께 나누는 자로서의 신이 문제가 되지는 않았다. 그런데 이 후자의 신은 전자의 신이 받을 수도 있는 비난을 받지 않는다. 안젤루스 실레지우스Angelus Silesius³ 같은 많은 '영적 구도자'들은 그처럼 인간과 가까운 신이 인간에게는 필요하다, 그것도 유일하게 필요하다는 것을 강조했다. 그러나 그 사실은 단지 우리가 거기에 동의할 때만이 우리에게 영향을 미칠 수 있다.⁴

---

3 독일의 시인이자 신비주의 신학자(1624~77).
4 그런데 이는 본 '시론'의 한계를 벗어나는 문제이다.

옮긴이 권은미는 이화여대와 동 대학원 불어불문학과를 졸업하고 프랑스 파리 제4대학에서 불문학 박사학위를 받았으며 현재 이화여대 불어불문학과 전공 교수로 재직 중이다. 논문으로〈줄리앙 그린의 작품에 나타난 감금과 해방〉이 있고 옮긴 책으로 알튀세르 자서전《미래는 오래 지속된다》가 있으며 공저로《누보로망 연구》가 있다.

존재의 불행

1판 1쇄 발행 2002년 12월 10일
1판 8쇄 발행 2025년 7월 1일

지은이 장 그르니에 | **옮긴이** 권은미
펴낸곳 (주)문예출판사 | **펴낸이** 전준배
출판등록 2004. 02. 11. 제 2013-000357호 (1966. 12. 2. 제 1-134호)
주소 04001 서울시 마포구 월드컵북로 21
전화 02-393-5681 | **팩스** 02-393-5685
홈페이지 www.moonye.com | **블로그** blog.naver.com/imoonye
페이스북 www.facebook.com/moonyepublishing | **이메일** info@moonye.com

ISBN 978-89-310-0405-2 03860

• 잘못 만든 책은 구입하신 서점에서 바꿔드립니다.

&문예출판사® 상표등록 제 40-0833187호, 제 41-0200044호